# 田舎のパン屋が見つけた「腐る経済」

渡邉 格

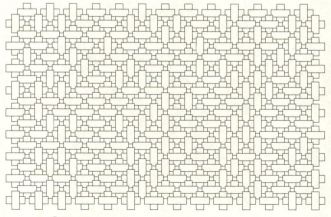

講談社＋α《プラスアルファ》文庫

# はじめに

「革命は辺境で起きる」

と言ったのはレーニンだった。もちろんレーニンは、マルクスの思想を現実の世界で実現しようとした人だ。

そして今、マルクスの思想をもとに、日本の辺境で革命が起きようとしている。

「勝山《かつやま》」という岡山の山のなか、ほとんど知られていないまさに「辺境」。

そこで静かに起こりつつある革命に、僕は「腐る経済」と名づけた。


中国山地の中腹にあるその町で、僕はパン屋をやっている。

パン屋になるまでの僕は……ひとことでいえばさんざんだった。何者かになりたいのに、何をしたらいいのか分からない自分への苛立《いらだ》ちと、ウソにまみれた社会や、顧客をダマしておカネ儲《もう》けに走る会社への怒り。気づけば定職にもつかぬまま、30歳になろうとしていた。

どんな小さなことでもいいから「ほんとうのこと」がしたい。初めて自分の心の奥底から出てきた、その声に従い、僕はパン屋になることを決めた。4年半の修業を経て、２００８年に「パン屋タルマーリー」を独立開業。小さくてもほんとうのパンづくりを目指して、妻と始めた二人三脚の日々。お店をどこに開くのか、小麦やライ麦など原材料の仕入れはどうするのか、価格設定はいくらにするのか。ひとつでも間違えば、明日はない。一歩一歩二人で確かめながら、手探りでひとつずつ試行錯誤しながら、実践を積み重ねてきた。

そして僕らは不思議なパン屋となった。店を開いたのは岡山駅から電車で2時間以上かかる山のなか。看板メニューは「和食パン」。古民家に棲みつく天然の菌でつくる「酒種《さかだね》」を使って発酵させる。お値段は３５０円という高価格。週に3日はお店を休み、毎年1ヵ月の長期休暇をとる。

そして、店の経営理念は、「利潤」を出さないこと。

最初からそうなることを目指したわけではない。パンづくりの相棒である「菌」たちの声に耳を澄《す》ましていたら、気がつけば、不思議なパン屋になっていた。そしてその「菌」たちの声は、150年前の時代を生きたマルクスの声と重なることに、僕は気づきはじめていた。

「腐らない」という現象は、自然の摂理に反している。それなのにけっして腐らずにむしろどんどん増え続けるもの。それがおカネ。そのおカネの不自然さが、僕たちを「小さくてもほんとうのこと」から乖離《かいり》させていく。

そのことに気づいた僕らは、おカネを腐らせ、経済を腐らせ、地域とつながって生きはじめている。その輪は静かに広がっていて、いつかは日本を、世界を変えるかもしれない。

150年の時を経て今。「革命は日本の辺境で起きる」のだ。

## ●目　次

第Ⅱ部　腐る経済

本書は、2013年9月に小社より刊行された同名の単行本を文庫化したものです。

単行本刊行時点の舞台は勝山（岡山県真庭《まにわ》市）でしたが、その後、著者は拠点を智頭《ちず》町（鳥取県八頭《やず》郡）に移しました。

9ページから12ページに掲載している写真は、智頭町にて撮影されたものです。

移転の経緯については、あとがきにて触れています。

撮影　1　2　3　4　7…川瀬一絵
5　6　8…藤　啓介

1　元は保育園だった建物を改装して店舗に。地域のバックアップも受けながら、できるところは、タルマーリーお得意のDIY(Do It Yourself)で内外装を手掛けた。

2　カフェのカウンターに立つ妻のマリ。僕(イタル)がパンをつくり、マリがパンを売って店を切り盛りする。タルマーリーは、マリとの二人三脚でずっと歩んできた。

3　厨房でパン生地を分割。手の感触で発酵具合を確かめながらの作業だ。生地をふっくら膨らませてくれるのは、健やかに育った小麦と、天然の菌たちのおかげ。

4　レジ横で、焼きあがったパンがお客さんをお出迎え。レーズン酵母とビール酵母でつくるバゲット、全粒粉酵母(ルヴァン種)でつくったクルミパンなどが並ぶ。

5　工房にある製粉機で砕いた大麦麦芽を、寸胴鍋で煮込んで麦汁をつくる。麦汁にホップと野生酵母を入れ、タンクで発酵を待つこと数週間でビールが出来上がる。

6　販売を始めてほぼ1年の現在までに製造したビールは20種類近く。カフェでは常時5種類を提供。ビールサーバーもDIYでつくった。

7　智頭町の森の中で。左から僕イタル、長男ヒカル、妻のマリ、長女モコ。仕事も生活も、家族とずっと一緒だ。

8　タルマーリー全景。店は山間の谷筋にあり、裏手には智頭町が誇る山林が迫る。タルマーリーのパンとビールづくりに欠かせない水と天然の菌は、森が育んでくれる恵みだ。

# 第Ⅰ部　腐らない経済

# 第一章　何かがおかしい

## （サラリーマン時代の話・僕が祖父から受け継いだもの）

# 酒種パンができるまで
## その1

僕らの「革命」の武器は、パンです。
なかでもいちばんの武器は、
「酒種」でつくる「酒種パン」。

「酒種」とは、いくつもの菌が
手を取り合って完成する、
日本酒の原型のようなものです。
その「酒種」を、僕らは、自然界に
棲む「天然菌」だけの力で、
日本古来の酒造りの方法に
則ってつくっています。

古代エジプトで生まれ、ヨーロッパに広まった
「洋」の食べものであるパンを、日本酒を醸《かも》す
「和」の菌の力でつくり出す。「和」と「洋」が
手を取り合った日本ならではのパン——。
そんな思いを込めて、「酒種」でつくる
食パンを、「和食パン」と呼んでいます。

ここでは、
「酒種パン」が
できるまでの
物語を紹介
していきます。

## 30歳にして、世に出る

こんな年齢《とし》で、まともに雇ってくれるところなんてあるはずがない。

そう思っていた。なんとか高校を卒業したものの、その日暮らしのフリーター生活をすること7年。一念発起して大学に行ったけれど、卒業する頃にはもう30歳。今さら就職活動をしても仕方がない。そもそも僕は「田舎《いなか》」で暮らす農家になりたくて農学部で勉強したのだ。

でも、学者だった父は、「おまえを農家にするために大学に行かせたんじゃない！」と、声を荒らげて猛反対。

人を肩書や職業で判断する、いつもの父の無神経な言葉を聞き流すつもりだった僕に、大学の先生からも「待った」がかかった。

「新卒（といっても30歳だったけれど……）のときでしか就《つ》けない仕事を経験して見識を広めなさい」

「こんな年齢を食った人間が入れる会社があるなら教えてください」

と投げやりに言い返した僕に教授が紹介してくれたのは、社員20人ほどの小さな有機農産物の卸《おろし》販売会社だった。

農家とつきあいのある仕事だし、出張で「田舎」に行く機会も多いらしい。月給は、手取りで20万円弱。断る理由は思い当たらない。

やっと人並みに働ける。しかも、憧《あこが》れだった「田舎」や「農」ともかかわる仕事が待っている。なんら具体的な将来設計もないのに「田舎」で暮らしたい、農家になりたいなどと、30にもなって自分探しの延長線上にいた僕は、ふいに訪れた幸運に呑《のん》気《き》にも胸を躍《おど》らせた。

しかし……。そんな僕を待っていたのは、理不尽な世界の洗礼だった。

**それって産地偽装……?**

卸売業者は、農産物ができる前に、あらかじめ小売店と契約を交わす。たとえばリンゴなら、産地はどこ、等級はいくつ、個数や重量はどれぐらい、納入日はいつ、というふうに。

でも、作物の出来不出来は、お天道《てんとう》さま次第。契約どおりに作物が揃《そろ》わないことも、もちろんある。だからといって契約不履行となれば、小売店からペナルティを科せられたり、思いっきり買い叩《たた》かれたりする。そこでこの会社がやっていたのが、別の産地で採《と》れて余っていたリンゴを、契約で取り交わした産地へ移送して、箱詰めし、小売店へ納品することだった。契約は無事に履行され、誰も泣きを見ないし、リンゴを余らせて腐らせてしまうこともない。すべてが丸く収まり、一件落着。

理屈は分かる。目くじら立てるほど悪いことかと問われると、そうとも言い切れない気もする。でも、なんだか釈然としない。「これって産地偽装じゃないの？」と心のなかにモヤモヤが残る。

そうかと思えば、社員が「いやぁ、買い手がつかずに、トマトを3トンも腐らせちゃいました」などと平気で口にする。生産者への敬意とか、生命《いのち》あるものを扱っている自覚とか、自然の恵みに対する感謝の思いとか、それらをまとめて踏みにじる結果になったことへの自責の念は、いったいどこへ？

世のなか、学生くさい正論だけでは成り立たないんだよ、クロでもシロにしなきゃいけない理不尽なことも呑《の》みこめるようになってこそ大人なんだよ、と人は言うかもしれない。たしかに僕がこの会社で経験したことは、多かれ少なかれ、誰もが日々の仕事のなかで経験し、〝大人〟なら見て見ぬふりをする、世のなかの〝グレー〟な部分なのかもしれない。

でも僕は、それから10年以上が経《た》った今でも思う。おかしいものはおかしいのだと。

## 小さくてもほんとうのことがしたい

あるとき、上司から、資材業者とつるみ、キックバックで私腹を肥やす企《たくら》みに誘われたことがあった。

「そんなはした金《がね》で僕を買えると思ったんですか」

威勢のいい啖呵《たんか》を切って断り、その不正を上司の上司に報告したら、なんと、それがきっかけで僕は社内のほとんどの人から総スカンを食うことになった。きっと大勢が似たような不正に手を染めていたのだろう。

それ以来、仕事は一気にやりにくくなった。ただでさえ、30歳の新入社員は、仕事も一人前にできないくせに口ばかり達者でみんなに煙たがられていた。そんなところに〝燃料投下〟したものだから、とんでもない事態になってしまった。僕が困っていても、誰も助けてくれない。誰も口をきいてくれない。毎朝吐き気がするし、鼻血がしょっちゅうだらだら垂れてくる。そんな日が続いた。

先にキレたのは、後に僕の妻となるマリだった。マリと僕は、その会社の新入社員同士。何か通じるものがあった僕らは、ほどなくしてつきあいはじめていたのだ。

「もう、ありえないよ、この会社。食べものを右から左に動かして上前ハネてるだけじゃない。それに、有機農業とか言いながら、ここで働いてる人も仕入れ先の生産者も、農産物を商売のネタとしか見ていないし。人間の暮らしを自然と調和させようって思想が、本来の『有機』のはずでしょ？　こんなところで働いてたって意味がない。イタルも身体《からだ》壊す前に早く辞めたほうがいいよ」

入社2年目の夏に、マリはそう言って、会社を去っていった。

今にして思えば〝ブラック企業〟みたいなところだった。ひたすら耐えて働いて、身体を壊すなんてバカバカしい。そんなことは分かっている。でも、辞めたあとに何をすればいいかが分からない。

「田舎暮らし」や「農業」への憧れはあいかわらず僕の心のなかにあったけれど、目の前の現実では、大きな流通システムのなかに、もっと言えば、資本の論理に、ほとんどすっかり農業が組みこまれてしまっている。きっと、農業を再生するには、この世界を支配するシステムの「外」に出なきゃいけない。

いつかは、今いる世界の「外」に出て、小さくてもほんとうのことがしたい。自分が正しいと思えることをして、それを生活の糧《かて》にして生きていきたい。

でも、「外」への出口が分からない。それで僕は、会社を辞めたくても辞められずにいたのだった。

## パンをやりなさい

目指すべき目的地は分かっているのに、そこへ行くための道が見つからない。もどかしくてやみくもに動いていたら、ぬかるんだ泥沼に足をとられてしまった。もがけばもがくほど僕の足はぬかるみにはまっていく。

それなら辞めればよかったのか？ 30歳になるまでフラフラしていた僕がここで辞めることは、すなわち、ふたたびプーな空回り人生への逆戻りを意味していた。もう逃げるのは終わりにしたい。でも、このぬかるみから脱出したい……。

はてしなく続く自問自答の堂々巡りに、気力も体力も尽きかけていた。


そんなある晩のこと。

寝床に就き、うとうとしかけたときにふと、枕元に人の気配のようなものを感じた。誰だ？ こんな夜中に……夢うつつで訝《いぶか》しんでいる僕に、その人が語りかけてきた。

「イタル、おまえはパンをやりなさい」

えっ、おじいちゃん？

祖父は、僕の父がまだ年端《としは》のいかない子どもだった頃、先の戦争で生命《いのち》を落とした。

祖父は医者だった。ふるさとの町医者となり、地域の人びとの生命を守る仕事を夢見ていたが、当時の社会情勢ではそれは許されず、軍医として従軍。中国大陸へ赴《おもむ》き、そこから南方へ出征するために乗りこんだ船は、米軍の攻撃によって海の藻屑《もくず》と消えた。遺体は、発見されていないどころか、どんな船に乗っていて、いったいいつどこで沈められたのかも分からない。

僕はもちろん、祖父に会ったことはない。でも、このときの僕には、枕元に立って僕に語りかけるのは、祖父その人だという確信があった。

不思議なことに、祖父のひとことを聞いて、僕の心はすっと軽くなった。

「パン屋をやろう」

そう決めた瞬間、会社でたまりにたまっていたモヤモヤ、フリーター時代から続くあてどない不安感、さらに遡《さかのぼ》れば高校生、あるいはもっと前から感じていた世のなかへの違和感、そうしたものがみな、僕の身体のなかから抜けていった。

もちろん、パンづくりのことなんて、何も知らない。だいいち僕は大の「ごはん党」で、食にこだわる母の影響もあり、正直、パンはあまり食べたことはなかったのだ。

「は？　イタル、なんでパンなの？　日本人なんだから蕎麦《そば》打ちか豆腐屋さんにしときなさいよ」

というマリの言葉にも、文字どおり「目が点に」なっているマリの両親の反応にも、僕の両親や友人たちの「はぁ……またイタルがプーになる」という失望感にもいっさいめげることなく、ひとり意気ケンコーに、僕はパン屋になることを決めたのだ。

ときは2002年の12月。

会社には、「パン屋になります」とだけ伝え、年の瀬が迫る慌《あわ》ただしいなかで引き継ぎを終えると、僕はマリと一緒に暮らしはじめた。

その時点で、まだ勤めるパン屋は決まっていなかったから、たしかに僕はプータローに戻ったのだ。それでも「夫婦（まだ正式じゃないけど）揃って寿《ことぶき》退社」。ささやかなお祝いムードと相まって、僕は、これから歩むパン屋の道に大きな希望を抱いていた。郊外のベッドタウンの朝、小さいけれど清潔なパン屋さんからは、パンを焼くいい匂《にお》い。それを嗅《か》ぐだけで幸せになるような、そんな仕事。

# 第二章　マルクスとの出会い（僕が父から受け継いだもの）

# 酒種パンができるまで

## その2

まずは麹菌を採取します。
麹菌はデンプンを糖に分解する働きをします。

竹ザルの上に蒸した米を置きます。

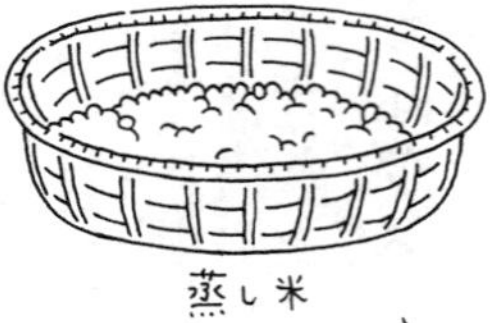


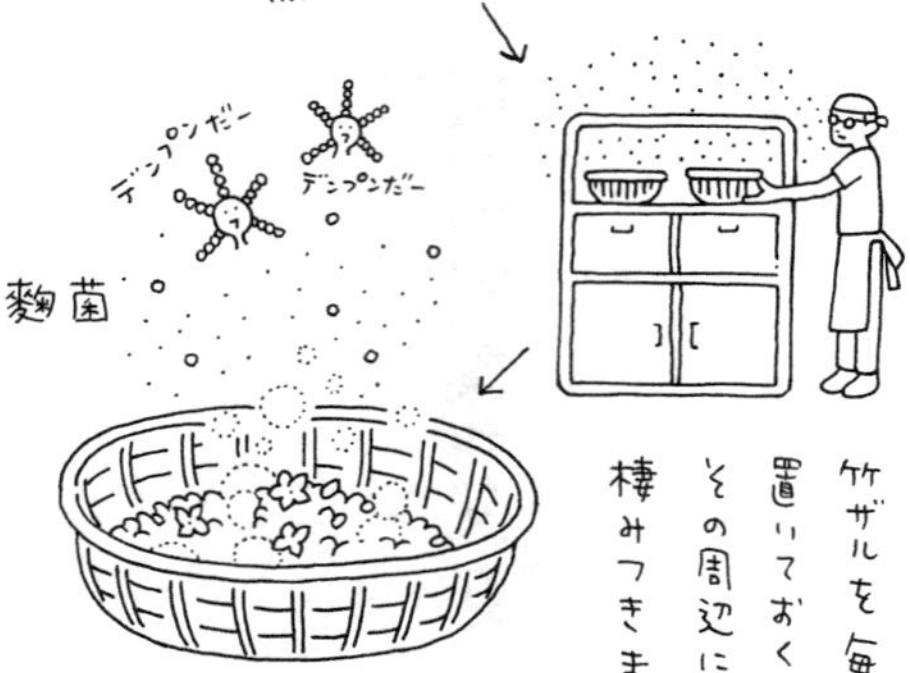


竹ザルを毎回同じ所に置いておくと、その周辺に麹菌が棲みつきます。

タルマーリーの古民家に棲みついている麹菌が降りてきて、米に麹の花を咲かせます。

## 開店直前、危機勃発!?

話をちょっと先にすすめて、2007年4月──。

パン屋で働いて4年半、4軒のパン屋で修業を積み、僕とマリは、いよいよ独立に向けて本格的に動きだした。僕は勤めていたパン屋を、マリは農産物加工会社の仕事を辞め、夫婦念願の「田舎のパン屋」になるための準備を始めた。このときすでに、長女のモトコ(通称モコ)が1歳半になっていた。男35歳、家族の生活も賭《か》けての大勝負。

物件探しに苦戦して、開業資金節約のために始めた自前の内外装工事もおおいに手間取った。そんなこんなで、その年の暮れになってようやく、僕とマリは、メニューの開発に取り掛かっていた。素材を決めて、レシピを決めて、価格を決める。つくり手の僕と、売り手のマリとが、真剣勝負の経営会議を繰り広げていた。

「えーっと、『くるみと干しぶどうのパン』が720円、『ミルクチョコとピーナッツ』は500円、『赤ワイン漬けイチジクとクルミ』は700円……」

「え？　マリ、ちょっと待って」

「何？　何か計算間違えてる？」

「そんな高いパン、誰が買うの？　ここは白金《しろかね》や麻布や青山じゃないんだよ。まわりはほとんど田んぼと畑の田舎だよ。人間よりカエルのほうが多いようなところだよ」

「でも仕入れ値から原価計算したらこうなるでしょ。足して100になるものを50で売ったら原価割れ、赤字、お店がつぶれちゃうよ」

「いや、でもさ……」

「算数無視したら、経営なんて成り立たない。ふたりで何度も話してきたよね。『真《ま》っ当《とう》な〝食〟に正当な価格をつけて、それを求めている人にちゃんと届ける。それで世のなかを少しでも真っ当な場所にしていこう』『つくり手が尊敬される社会にしていきたい』って。そのためには、つくり手がちゃんと暮らしていけなきゃいけない。この価格は〝高い〟んじゃなくて、原材料も含めて、〝つくる〟ことに対して支払われる〝正当な〟価格だと思う」

「マリの言うことはもっともだけど、ほんとに、ここでこんな値段で売れるのかな？」

「それを売るのが私の仕事。今の時代、ブログとかSNS（ソーシャル・ネットワーキング・サービス）とか、便利な道具があるでしょ。私たちのやってることの意味を丁寧に発信すれば、届く人にはちゃんと届くのよ。イタルは納得できるパンを精一杯つくってくれればそれでいいの」

「分かった、値段を超えるパンをつくるよ」

こうして、夫婦ゲンカと見紛《みまが》う経営会議が、幾度も繰り返された。

## パン屋を翻弄《ほんろう》する投機マネー

開店間際に、夫婦で価格をめぐるバトルが勃発したのには理由がある。パンの原材料の価格が高騰していたのだ。

「えっ、そんなに高いんですか？　前はクルミ1キロ1345円でしたよね。それが1680円って、25%も値上がりしてるじゃないですか」

「輸入食材の値段が軒並《のきな》み上がってまして……心苦しいですが、値上げしなければ私どもがつぶれてしまいます」

業者からそう言われたら、こちらとしては提示された価格を飲むしかない。

ところが、値上げをしぶしぶ受け入れたのも束《つか》の間《ま》、1ヵ月後にはクルミの値段が1キロあたり1843円に上がり、さらに2ヵ月後には、2450円にまで跳ね上がった。当初の想定の約2倍。

なんでこんなことが起きるのか。調べてみると、いくつかの要因が重なりあっていることが分かった。

まず、中国やインドなどの新興国が、経済発展にともない多くの穀物を輸入しはじめるようになった。一方で、穀物がバイオ燃料として使われるようになり、食料に回せる分が減っていた。それに輪をかけるように、地球規模の気候変動による影響で、世界の穀倉地帯が干魃《かんばつ》に見舞われて大不作。欲しがる人が増えたのに、モノの供給が減れば、価格が上がるのも道理ではある。

しかし、僕がどうしても許せなかったのは、そんな作物の市況につけこんで、ひと儲けを企んだ投機マネーがいたことだった。穀物の国際取引価格を決める「国際商品市場」に大量の資金を投入し、本来の需給バランスを超えて、穀物の値段を釣りあげていたのだ。

しかも、この背景には、かの悪名高いアメリカの「サブプライム・ローン」があった。

サブプライム・ローンというのは、本来は家を買う資金力のない所得の低い人に、マイホームの夢を焚《た》きつけて、高金利の住宅ローンを貸しつける悪徳商法みたいなものだ。返済が滞《とどこお》るリスクが高い分だけ、金利も高い。

そして、この悪徳商品を素材に、「金融系」の頭脳派集団が、「金融工学」とやらを駆使して、見た目はスマートな「金融商品」をつくりだしていた。まるで、いわくつきの食材を加工品のなかに混ぜこんでしまう食品偽装のように、サブプライム・ローンを切り刻み、ほかの優良な債権とごちゃ混ぜにして売りさばいていたのだ。

２００６年半ば頃から、アメリカの住宅バブルが崩壊しはじめると、そのサブプライム・ローンが不良債権になる時限爆弾のカウントダウンは始まった。それを敏感に察知した利に聡《さと》い投機マネーが、商品市場に怒濤《どとう》のように流れこみ、穀物価格を上昇させたのだった。

## リーマン・ショックと金融危機のただなかで

２００８年９月。とうとうサブプライム・ローンという時限爆弾があちこちで爆発して、世界経済が大混乱に陥った。リーマン・ショック（アメリカの証券大手『リーマン・ブラザーズ』の倒産を契機とした株・金融商品の大暴落）が、世界金融危機を引き起こしたのだ。

「マリさぁ、銀行からおカネを下ろしといてよ。このままじゃ、いつ預金封鎖されるか分かんないからさ。あ、ひょっとしたら、おカネが紙切れになる可能性だってあるから、現物に換えておいたほうがいいかな。米を１００キロぐらい買って備蓄しておいてよ」

「なに大袈裟《おおげさ》なこと言ってんのよ。心配しすぎだって。私たちは大丈夫！」

「店の心配っていうか、世の中いったいどうなるのか、心配なんだよね。支払いできないと仕入れもできないし、それにそもそも、米がないと『酒種《さかだね》』（僕らがパンをつくるために仕込む酵母のひとつ。文字どおり、本来は日本酒をつくるときに使われる）が仕込めないし……」

しっかりもののマリは、僕を叱咤激励《しったげきれい》してくれるけど、開店早々にたちこめた暗雲に気分は晴れない。

その年の暮れ、久しぶりに東京の実家に帰ったときに、この問題の深刻さをさらに肌で感じることになった。帰省すると、なつかしい中学・高校時代の友人と飲み会を開くのは恒例行事だったが、この年ばかりは、いろんなことがいつもと大きく違ったのだ。

みな一様に表情に生気がない。出てくる話題も暗い。新宿で不動産会社を営むやり手社長となった友人は、都内の不動産会社が軒並みつぶれている凄《すさ》まじい状況を語り、小さな広告代理店でバリバリ働いていた友人は、社内に吹き荒れはじめたリストラの嵐を前に、「何がなんでもオレは会社にしがみついてやる!」と悲壮感を漂わせていた。

駅前の飲み屋街は、年末ともなれば、気持ちよさそうに頬を赤らめた人が行き交うのが常だったが、店はどこもかしこもシャッターを閉めて、宵《よい》の口から人影はほとんどない。

多摩《たま》地区は、自動車や電気・機械、半導体関連の工場が集まる、ちょっとした工業地帯だ。地域の経済を支えていたこれらの産業のなかでも、とくに自動車産業がリーマン・ショックで大きな打撃を受けていた。

地元の事情に詳しい友人は、こんな話をしてくれた。

日野自動車（トヨタの子会社でトラックを生産）で工場の操業が一時停止され、期間従業員や派遣社員の契約打ち切りが起きている。周辺の自動車部品メーカーも軒並み売り上げが激減し、近いうちにリストラが発表されるに違いない、と。

グローバル経済といえば聞こえがいいが、国境を超えてカネ儲けのためにカネをつぎこむ投機マネーが、市井《しせい》の人びとの仕事を、人生を、狂わせていく。そのおかしさは、僕が「食」の世界で見ている矛盾と、分かちがたくつながっているように感じた。

## マルクスって、あのマルクス？

「イタル、おまえ、マルクスを読んでみたらどうだ？」

「えっ!?　マルクスって、あのマルクス？」

年末年始を過ごす実家で、父と酒を酌《く》み交わしながら僕は、大不況に直撃されて、開店直後の苦しいやりくりをどう乗り越えればいいか、悩んでいることをぶち撒《ま》けた。

別に、具体的なアドバイスを期待していたわけではなかった。浮き世離れして商売に疎《うと》い父にそんなことを期待しても無駄だと思っていたし、むしろ、学者としての父が今の社会をどう見ているのか知りたかった。すると、それまで聞き役に回っていた父が、おもむろに口を開いたのだ。そんな僕と父のやりとりを、母は横でお茶を飲みながら静かに聞いていた。

カール・マルクスの名前を聞いたことがないという人はいないだろう。でも、マルクスがどんな人で、何をした人かは、それほど知られていない。

物心ついたときから、父の書斎の本棚にズラッと並ぶ本の背表紙にあるマルクスの文字に馴染《なじ》んでいた僕ですら、恥ずかしながら、本を手に取ったことさえなかった。書店に行き、『資本論』は日本語訳だと新書版（新日本出版社）で全13冊もの大著だということを、このとき初めて知った。たぶん、それまでの僕だったら、買わないし、読まなかった。でも……。

僕はそもそも、資本の論理で不正がまかり通るのがイヤで、会社を辞め、「外」の世界に出ようとしてパン職人の修業をした。けれども「外」の世界であるはずのパン屋の工房もまた、経済システムの「まっただ中」にいることを思い知らされるような環境だった（このあと詳述）。

そしてやっと、自分の店をもち、「外」の世界に出られると思った矢先、そこには資本の世界市場という、さらに大きな「システム」が待ち受けていて、仕入れ価格の大変動に翻弄される日々が続いていた。

この世界に、システムの「外」はありうるのだろうか……？

そこを考えなければ、独立してパン屋になったところで、今までどおり、システムのなかで生きるだけだ。独立してパン屋を開業しても、僕がいたあの会社のように、いつの間にかシステムに取りこまれる……。

東京・日比谷公園で「年越し派遣村」が設立されようとしているそのときに、僕は、人生で初めてマルクスとじっくり向きあうことになったのだ。

# 第三章　マルクスと労働力の話（修業時代の話1）

# 酒種パンができるまで

## その3

その2で採取した麹菌を
蒸し米にふりかけると、
麹菌がどんどん増えて、
米麹ができあがります。

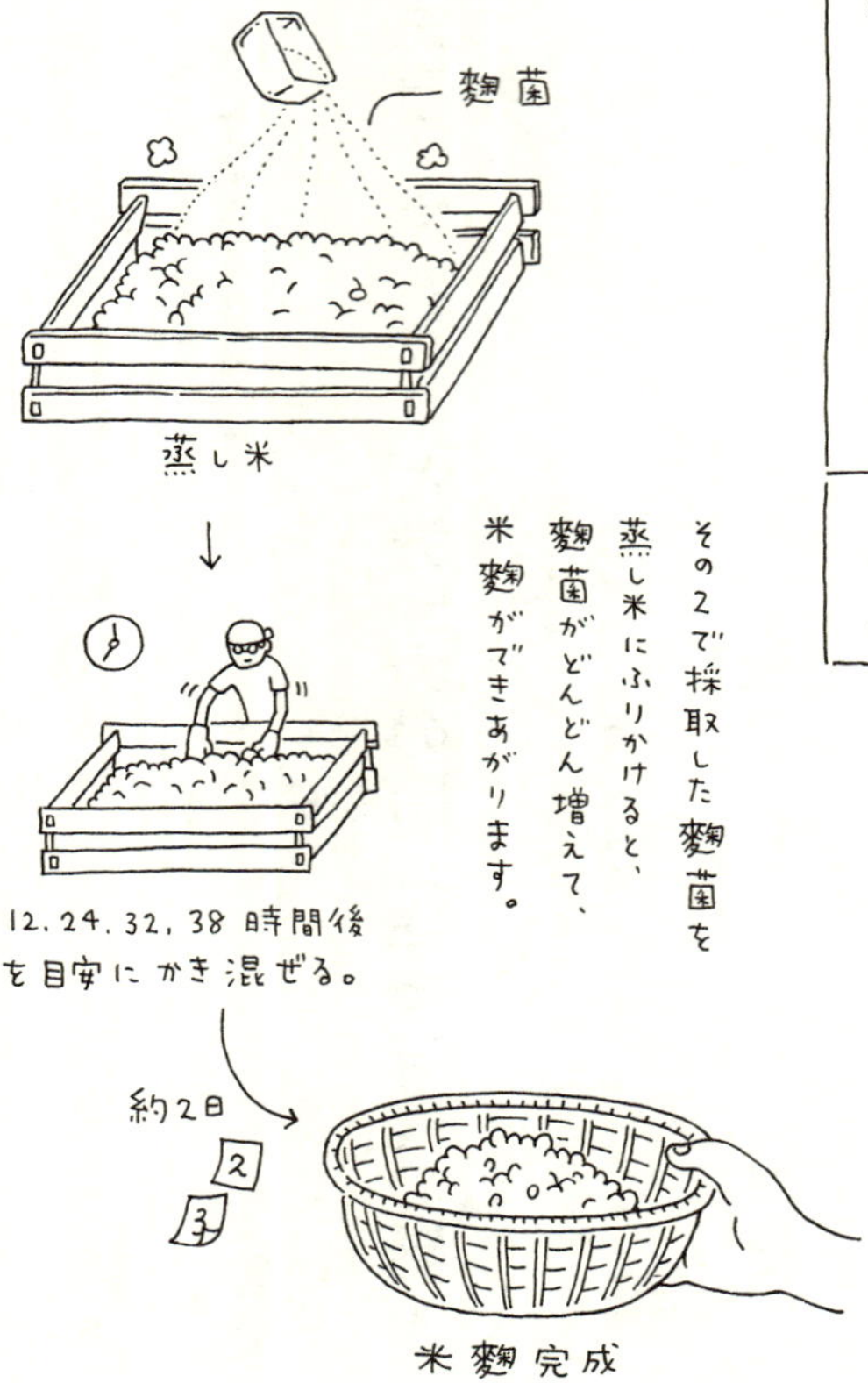

12、24、32、38時間後
を目安にかき混ぜる。
約2日

米麹完成

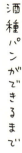

## パン屋残酷物語（21世紀、東京）

「ワタナベくん、それじゃあ来週から働いてもらうということで、よろしく頼むよ」

「ありがとうございます。こちらこそよろしくお願いします」

２００２年の12月、「パン屋になる」と決死の覚悟で会社を辞めた僕は、東京郊外の住宅地にあるパン屋で働くことになった。

30歳を過ぎてパン屋で職を見つけるのは、思っていたより大変なことだった。面接で、「31歳。パンの仕事は未経験です」と伝えた瞬間に断られる。何軒か立て続けに断られて気持ちも折れそうになっていた5軒目、このパン屋の社長が、僕の何を気に入ってくれたのか、雇ってもらえることになった。社長は、プロレスラーのブッチャーのようないかつい顔と巨体の、迫力ある人だった。

「うちは2時から仕込みだから、15分くらい前には店に来るようにしてね」

「に、2時って、夜中の2時ですか？」

「そりゃそうだよ。昼の2時から仕込みを始めたらパンができるのは夜だ。夜にパンを売ったって、誰も買ってくれやしないよ。初日から遅刻はナシだぞ。寝坊しないようにな」

パン屋初日の深夜1時45分、僕は何度か深呼吸をして、店の扉を勢いよく開けた。

店では、調理着姿の社長とふたりのスタッフが、早くも仕込みの準備を始めている。

「初日だけど、バリバリ働いてもらうからそのつもりで。Sくんの指示を聞いて、ひとつずつ仕事を覚えていってね」

Sくんは、僕より3つ4つ年下の、ロン毛のサーファー風のいい男だった。後で聞いた話では、高校を卒業して工場で派遣仕事をしていたものの、嫌になって20代半ばでパンの世界に飛びこんだとのこと。この店は、Sくんにとって2軒目のパン屋だった。

「ワタナベさん、ゆっくり教えているヒマはないんで、僕の作業を見ながら手伝ってください。店でいちばん長い人が、ワタナベさんと入れ替わりで辞めちゃったんですよ。こっちもいっぱいいっぱいになると思うんで、頑張ってついてきてください」

Sくんの手つきを見よう見まねで、パン生地《きじ》を切って丸める「分割・成形」という作業をしたのが、僕のパン屋としての初仕事だった。

夜中の2時から働くと、お腹の空《す》くのも早いもの。朝8時にもなると、エネルギーが切れそうになってきた。

「あの、朝ごはん、みなさんどうするんですか？」

作業の合間に、Sくんにこっそり尋《たず》ねてみた。

「おにぎりか何かもって来いって社長から言われてないですか？　腹がへったら、隙《すき》を見ておにぎり食べるんですよ」

「おにぎりはもってきましたけど、食事休憩とか、ないんですか？」

「この店には休憩時間なんてないですよ。トイレには行かせてくれますけどね。作業の合間に、立ったままサッと食べるんです。休んでるところを見つかったら、『サボってるヒマがあったら売り物をつくれ！』ってドヤされますよ。あの風貌《ふうぼう》だから、迫力ありますよ」

休憩がいっさいない？　食事は作業の合間に立って食べる？

慣れない早起きをして、まともに休憩すら与えられず、立ちっぱなしで何時間も作業していると、さすがにお昼過ぎから頭がクラクラしてくる。寝たいのと座りたいのと一息つきたいのと、いろんな感覚がぐちゃぐちゃに入り混じって、わけが分からなくなりかけたそのとき、社長が声をあげた。

「よし、今日は店を閉めるぞ。Sくん、ワタナベくんに片付け方を教えといて」

時計を見ると午後5時を回っていて、冬の空はすっかり薄暗くなっていた。夜中の2時からノンストップで働くこと15時間……。これが毎日続くかと思うと地獄だった。きっと死にそうな顔をしていたに違いない僕に、Sくんが、忠告とも愚痴《ぐち》ともつかぬ言葉をかけてきた。

「今日なんかまだ早いほうですよ。お客さんの出足が続いてるときは、7時過ぎまで店を開けてたりしますから。これで休みは水曜日だけですからね。体はけっこうきついですよ」

## パン屋残酷物語（19世紀、ロンドン）

解説書片手にマルクスの『資本論』を読みはじめた僕が心に浮かべていたのは、毎日帰宅すると倒れこむように寝ていた、このパン屋での修業時代のことだった。

マルクスは、今から200年ほど前の1818年に生まれ、1883年に、65歳目前で息を引きとった。当時のヨーロッパは、産業革命が広まり、とくにマルクスが後半生を過ごしたイギリスは、産業革命発祥の地だけあってナンバーワンの資本主義先進国。紡績や織物などの軽工業や鉄道の分野で、目覚ましい発展をとげていた。

一方で、労働者は過酷な労働と貧困に喘《あえ》いでいた。大人の男性はもちろん、女性や10歳に満たない子どもまでもが労働力として駆りだされ、低賃金・長時間の労働を強いられる。

なかでも、マルクスが描いた当時のパン屋の状況には、目が釘付けになった。

その昔、イギリスのパン屋は、パン職人の組合に入らないと、店を営むことができなかった。職人仲間から技術を認められた人だけが、店を出すことを許されたのだ。

ところが、資本主義の発展とともに、18世紀のはじめ頃から資本家の力が強くなり、組合の力は相対的に弱まっていく。資本家はパン屋の取引先である製粉業者や小麦粉問屋の世界に入りこみ、ウラで糸を引き、莫大《ばくだい》な儲けを追求するようになった。

毎日人が食べるパンの世界に資本の論理が乱入、マルクスが生きていた19世紀半ばのロンドンには、2種類の製パン業者がいた。組合の流れを受け継ぐ「正常価格売り

（フル・プライスド）」と、資本家がウラで糸を引く「安売り業者（アンダーセラーズ）」だ。「安売り業者（アンダーセラーズ）」は、従業員をひたすら長い時間働かせて、驚くほどの低価格を実現していた。

仕事が始まるのは、なんと日付が変わる前の夜の11時。その時間からパン生地を捏《こ》ねはじめ、仮眠をとるのはパン生地を捏ねる台の上。2～3時間仮眠をとると、今度は5時間、ノンストップの作業。次には人力《じんりき》の手押し車で、焼きあげたパンを配達する仕事が待っている。こんな調子で働かされて、一日の仕事が終わるのは早くて午後1時、遅いときは夕方6時。

これほど過酷だったパン屋の仕事で、パン職人の多くは健康を害し、「42歳に達することはめったにない」のが実情だったようだ。僕は、この本を書いている真っ最中に42歳になったばかり。それだけに、このマルクスの時代のパン屋の凄まじさが身に沁《し》みる。

## 150年前と何も変わらない

マルクスが描いた惨状は、パン屋の姿だけではない。

陶器製造工場では、７歳10ヵ月の少年が、毎日のように朝６時から夜９時まで１日15時間も働かされ、12歳の少年は、２晩続けて徹夜でろくろ回しをさせられる。10歳の少年は、昼食の休憩が30分しかないことを嘆いている。壁紙製造工場では、少女が朝６時から夜10時まで働かされ、19人いる少女のうち６人が、過労からくる病気で働けない状態になっていた。

ここでもまた、現代の日本に重なってみえる。過酷な労働条件で労働者を働かせる「ブラック企業」の存在を、みなさんも最近、新聞などで目にすることが多いのではないだろうか。その姿は、『ブラック企業』（今野晴貴著・文春新書）という本に詳しく描かれている。

月２００時間以上の残業をこなし、上司からは継続的なパワハラを受け、入社半年後に自ら生命を絶った25歳の男性。月１００時間を超える残業で体を壊し、入社４ヵ月で急性心不全のために亡くなった24歳男性。月１４０時間を超える残業で心を病み、入社２ヵ月で自ら人生の幕を閉じた24歳の女性。４日間で80時間働いても残業代はいっさい払われず、うつ病で休職に追いこまれた20代男性――。

悲惨な社会状況を哀しむ怒りが、マルクスが生涯をかけて『資本論』を書いたモチベーションとなる。それから150年が経ち、社会はたしかに便利になり、モノがあふれるようになった。それでも労働者や生活者に強いられる過酷な環境は何も変わらない。

なぜ、僕らはこれほどまでに働かされるのか？　自分の頭で考える必要がある、と僕は思った。

## 「労働力」がカギ

毎日ボロ雑巾《ぞうきん》のようになるまで働いていた、パン屋修業1軒目のお店。いったいどうして、あんなにも働かされなければならなかったのだろうか？

当時は、このパン屋の社長の頭がおかしいと思っていた。けれどもマルクスはそうではないのだと言う。労働者が無茶苦茶に働かされるのは、資本家（経営者）のせいではなく、「資本主義の構造」に問題があるのであって、資本家も知らないうちにその構造に組みこまれ、それで労働者を虐《しいた》げてしまうのだ、と。

『資本論』のなかには、マルクス独特の言葉づかいがあるが、そのマルクスが言うには、この資本主義社会を支配している構造の大きなカラクリの根本が、「労働力」という「商品」だ。労働者は「労働力」を売り、その対価として「給料」をもらっているのだが、その「労働力」にこそ、資本主義を資本主義たらしめるカギがある。「労働力」を売ったり買ったりするなかで、資本家が大好きな「利潤」が生まれ、労働者は無茶苦茶に働かされることになる。

――「労働力」の対価として「給料」をもらうって、当たり前すぎるでしょ。

そんな声が聞こえてきそうだが、その、一見当たり前のことにマルクスはメスを入れ、資本主義を動かしている仕組みを解き明かした。

田舎のパン屋の
マルクス講義①

## 「商品」っていったい何?

資本主義のカラクリを読み解くために最初にとりあげるのは、「商品」という言葉だ。

「商品」なんて、あまりに当たり前すぎて、そんなことあらためて考えたこともないという人がほとんどかもしれない。でも、資本主義社会には「商品」があふれている。ということは、「商品」の正体を突き止めれば、資本主義の正体を突き止められるとマルクスは考えたのだ。

じつは、この「商品」の説明が、パン屋的には（というか、きっとほとんどの人にとって）、マルクスのなかでいちばん分かりにくいところだと思う。なので、細かな説明は専門的な本に譲るとして、ここでは、僕が僕のアタマで理解したもっとも大切なことをお伝えしようと思う。

### 「商品」の条件　その1　使用価値があること

「商品」であるために重要なのは、誰かが欲しがってくれるということだ。この、「誰かが欲しがる、必要だと思う」という性質を、マルクスは、「商品」の「使用価値」と呼ぶ。パンで言うなら、「食べられる」という性質だ。

### 「商品」の条件　その2　「労働」によってつくりだされていること

ところが、世のなかには、「使用価値」はあっても「商品じゃないもの」がある。

その代表例が、空気だ。職人がつくったパンも、美容師が女性の髪を切るような、人に対して提供するサービスも、それが「商品」になるのは、そこに「労働」があるからだ。その点、空気は、人の「労働」とは関係なく存在している。だから、「商品」にはならない（最近では、その空気でさえも、「排出権」などといって投機対象にしようとしているから呆《あき》れる）。

## 「商品」の条件　その3　「交換」されること

たとえば、「自分が食べるためにつくるパン」は「商品」ではない。「食べられる」という「使用価値」があり、「労働」によってつくりだされるけれど、そこに「交換」がないからだ。

そして、つくったパンと「交換」するものの量の大きさを、マルクスは「交換価値」と呼ぶ。

――ややこしい、という声が聞こえてきそうだが、ここでは、「使用価値」と「交換価値」というマルクス用語の意味をざっくりつかんでおいてくれるだけでいい。

## 「商品」の「価格」のヒミツ

「交換価値」について少し掘り下げて考えてみる。

たとえば、AさんとBさんのあいだで、パン50個と服1着とで物々交換が成立したとする。このとき、AさんとBさんは、いったい何を基準にして、お互いの「商品」の「交換価値」を等しいと思ったのだろうか？

パンの美味《おい》しさや満腹感と、服の着心地のよさとを比較する？ でも、どうやって？

答えは、「労働」の大きさ、つまり、「労働時間」だ。交換の当事者は、「労働時間」の長さを基準にして、「交換価値」の大きさを測っていると、マルクスは考えた。

Aさん（自分がパン50個をつくる労働時間と、Bさんが服1着をつくる労働時間は、だいたい同じぐらいだろうな）

Bさん（自分が服1着をつくる労働時間と、Aさんがパン50個をつくる労働時間は、きっと同じぐらいなんじゃないかな）

と、AさんとBさん双方が納得したから、物々交換が成立したわけだ。

ここでちょっと注意が必要なのは、この場合、「労働時間」は、必ずしも、Aさん・Bさんの実際の労働時間をあらわしているわけではないということだ。というのも、パンを欲しいと思っているBさんは、目の前でパンをもっているAさんが、腕利《うでき》きのパン職人か、へっぽこなパン職人か、標準的な力量のパン職人かは分からない。なので、「パンをつくるのはだいたいこれぐらいの時間がかかるだろう」と労働を〝平準化〟して、「交換価値」を推測するしかない。

要するに、平均的な力量を基準にして、「労働時間」が推測され、「交換価値」が決まる。そして、このようにして決まる「交換価値」の大きさを、おカネの尺度で表現したものが「商品」の「価格」なのだ。

――学校では、「商品」の「価格」は、「需要と供給」で決まるって習ったけど……と思った方。僕も最初は驚いたのだが、マルクスの考えでは、「価格」の基準はあくまで「交換価値」にあって、「需要と供給」は、「価格」を変動させる2次的な要素だ、というのだ。

## 僕らがもらう「給料」の正体

これでようやく準備が整った。ここからいよいよ、資本主義のカラクリを解く最大のカギ、「労働力」の核心に迫っていきたい。

「労働力」も、おカネと交換される「商品」の一種ではあるが、その性質がちょっと特殊だ。

### 「労働力」という商品の特徴　その1　買い手は、資本家（経営者）に限られる

「労働力」という「商品」を買うのは資本家だけだ。そのとき資本家にとっての「使用価値」は、自分に代わって労働者が商品をつくってくれる、ということだ。これは便利。「商品」をつくるための特殊で便利な「商品」が、「労働力」というわけだ。

### 「労働力」という商品の特徴　その2　「交換価値」は給料

「労働力」も、「商品」である以上、「交換価値」をもっている。それは、「労働力」の「価格」、つまり「給料」だ。

そして、この「給料」がどうやって決まるかが、重要なポイントとなる。

ざっくり言ってしまうと、「給料」は、労働者とその家族の生活費と子育ての費用と技能習得にかかる費用を足しあわせた金額になっている。どういうことかというと……。

「商品」の「交換価値」の大きさは、それをつくりだす「労働」の時間で決まった。では、「労働力をつくる」って、どういうことだろう。それは、労働者が毎日元気で働ける状態をつくるということ。マルクスは、このことを「労働力の再生産」と呼んだ。

労働者が毎日元気に働けるために必要なもの……まずは、食べるもの、帰って休むための家、着るものなど、生活に必要なもの。そして、働くための技術や知識も必要だ。さらには、働く本人以外にも、家族が生活していけるというのも、とても重要なことだ。労働者ひとりが生きていくのに精一杯で、妻を養えず子どもも育てられないとすれば、社会から労働者がいなくなってしまう。

こんなふうにして、労働者が生活を送り、家族を養い子どもを育て、技術を身につけるということが、「労働力を再生産する」ということだ。こういう視点で見ると、世の中の給料の違いがよく理解できる。

先進国と比べて途上国の労働者の給料が安いのは、途上国のほうが先進国よりも生活費が安いから。年功序列で年を重ねると給料が上がるのは、一般的には、子育ての費用と技能習得の費用がかかるようになるから。医者や弁護士のように、なるのが大変な職業の給料が高くなるのは、仕事に必要な知識や技術を身につけるのが大変だからで、そのためにかかったコストが後払いのかたちで給与に反映されているのだ。

田舎のパン屋のマルクス講義④

## こうして「利潤」が生みだされる

マルクスいわく、資本家（経営者）は、この「労働力」という「商品」をうまく使って「利潤」を手にしている。

たとえば、「労働力」を手に入れるための「交換価値」が、1日あたり6000円で、この「労働力」を使うと（労働者を働かせると）、1時間あたり1000円の「交換価値」を生みだすことができるとする。

資本家になったつもりで、この条件で「利潤」を出すには……？

――そう、6時間を超えて働かせれば、その分がまるまる「利潤」になる。

この条件で8時間働かせてみると……。

**支払ったコスト：労働力6000円**

**生産された「商品」に含まれる「交換価値」：労働力が生みだした8000円**

**得られる「利潤」：8000円（売り上げ）－6000円（コスト）＝2000円**

支払ったコストと生産された「交換価値」の差額の2000円が、「利潤」になるのだ。

ではここで問題（資本家になったつもりで考えてみてほしい）。ここからさらに、「利潤」を増やすには……？

――そのとおり。8時間よりは10時間、10時間よりは12時間、少しでも長く働かせるのが、「利潤」を増やす手っ取り早い方法なのだ。

資本家が、多くの「利潤」を手っ取り早く得ようとすれば、労働者を長く働かせるほどカンタンなことはない。労働時間を長くして「利潤」を増やすのは、資本家の常套《じょうとう》手段だ。

僕がパン屋でひたすら働かされていた理由も、ここにあった。僕らの「労働力」を買ったパン屋の社長が、少しでも多くの「利潤」を得ようとして、労働時間をとことん長くしていた、ということなのだ。

## 田舎のパン屋のマルクス講義⑤ 「労働力」を、売ったが最後……

搾《しぼ》りとられるだけ搾りとられる労働者。不当に騙《だま》されている気がするかもしれないが、残念ながら、これはまったくもって正当な取引の結果だ。どこにも不正はない。労働者は、自分の「労働力」を売り、その対価（給料）を得た。資本家は、価格どおりに「労働力」を買い、それを自由に使った。それだけのことだ。

「商品」は、買った人がどう使おうと、それは買い手の完全な自由だ。買ったクルマに一日中乗っていようが、1週間に1時間しか乗らなかろうが、ディーラーから文句を言われる筋合いはない。買ったクルマを使って商売をして儲けたからといって、ディーラーに分け前を払わなければならないなんてこともない。

「労働力」も「商品」である以上、この原則が当てはまる。正しい価格で買った「労働力」を、資本家がどれだけ長く使おうとも、「労働力」を使って儲けを企んでも、売り手である労働者はなんの文句を言うこともできないのだ。

自分の「労働力」を資本家に売り渡した労働者は、資本家にこき使われる運命に身を委《ゆだ》ねていることになる。

では、そもそも、なぜ「労働力」が「商品」になったのだろうか。

マルクスいわく、「労働力」が「商品」になるにはふたつの大きな条件がある。

ひとつは、労働者が「自由な」身分であること、つまり奴隷《どれい》のように誰かに支配されて生きているわけではないということ。個人の自由が保障されているからこそ、自分の「労働力」を他人に対して売ることができるというわけだ。

もうひとつの条件が、労働者が「生産手段」をもたないこと。

「生産手段」というのは、機械や原材料などの、「商品」をつくるために必要な、「労働力」以外のものを指す。労働者が、自前の「生産手段」をもっていたら、自分で

「商品」をつくって売ることができる。それをもっていないから、労働者は、自分の

「労働力」を売るしかない。そしてこき使われるのだ。

たしかに、パン屋修業時代の僕は、誰かに強制されて、自分の「労働力」を売っていたわけではない。自分の意志で、社長に「労働力」を提供していた。そして、パンをつくる機械も材料も、つまり「生産手段」をなにももっていなかった。

逆に言えば、自分の「労働力」を切り売りすることを避けようと思ったら、自前の「生産手段」をもてばいい。それに気づいた僕は、パンづくりの技術を身につけて自分でお店を開き、「生産手段」であるミキサーやパンを焼くオーブンなどの機械を買った。さらに、できるかぎり近隣の農家から原材料を仕入れることで、不安定な市場に左右されずに原材料を入手する手立てを実践した。そうやって少しずつ、不思議なパン屋のスタイルができあがっていったのだ。このあたりの、システムの「外」へ出るための具体的な取り組みは、第Ⅱ部で詳しくお伝えしたいと思う。

# 第四章　菌と技術革新の話（修業時代の話２）

# 酒種パンができるまで

## その4

もうひとつの登場人物は、乳酸菌。乳酸菌は、糖を乳酸に変えます。

これによって、場が酸性に傾き、ほかの菌が棲みつきにくくなります。

乳酸菌は、次に登場する酵母が働きやすいように、場を整える役割をします。

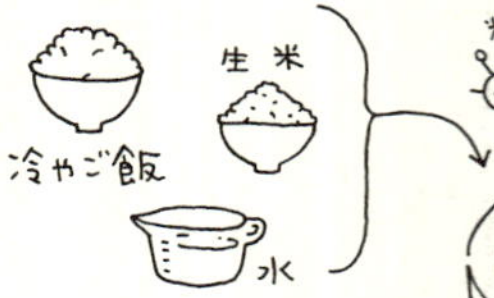


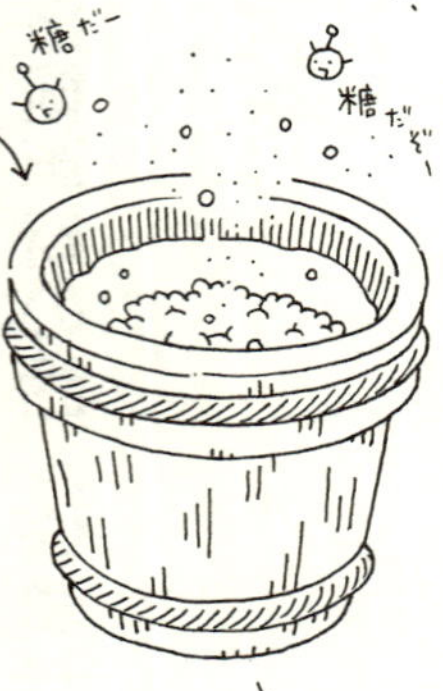


木樽に入った生米と冷やご飯と水に、天然乳酸菌が降りてきて、発酵し、菩提酛《ぼだいもと》をつくります。

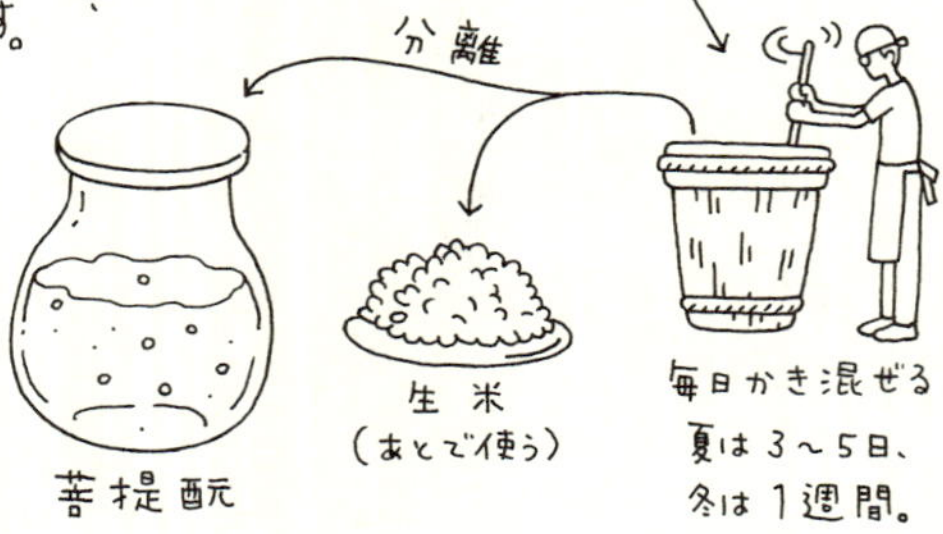

## パン誕生

人類とパンとの出会いは、今から4000〜5000年前にまで遡ると言われている。

その幸運な大役を担ったのは、古代エジプト人。それがじつは、うっかり者のポカから始まったと考えられているのだから、人類の歴史というのは不思議なものだ。

今から6000年ほど前、エジプトの隣のメソポタミアでは、小麦粉に水を加えて捏ねて焼いた食べものが食べられていた（インド料理のチャパティやナンのようなもの）。それがエジプトにも伝わり、あるとき、いつものようにそれをつくろうとして、小麦粉を水で捏ねた人がいた。ところが、その人は、「後で焼こう」とでも思ったのか、その場を離れ、捏ねた小麦粉の生地を一晩放置してしまった。

すると、あら不思議。朝にはその生地がふっくら膨《ふく》らみ、甘酸っぱい香りが漂ってくる。そのうっかり者は、「お、ウマそうだぞ」と、ツバをごくりと飲みこんだに違いない。そのふっくら膨らんだ芳《かぐわ》しい生地を焼いてみたところ、いつも食べているものよりも格段に香ばしい。そのうっかり者は、「小麦粉は捏ねたあと一晩寝かして焼いたほうがうまくなるぞ」と、さぞ自慢気に触れ回ったのではないかと思う。

生地を寝かしているあいだに起こっているのは、無数の「菌」たちがもたらす「発酵」の営みだ。自然界に存在する野生の酵母（天然酵母）が、自分たちの生命をつなぐために、小麦に含まれる糖分を食べ、二酸化炭素（炭酸ガス）とアルコールを排出する。

捏ねた生地がパンになった秘密は小麦にもある。小麦は、その粒のなかに、主要なふたつのタンパク質を含んでいる。小麦の粒を粉に挽《ひ》いて水で捏ねると、このふたつのタンパク質が結びつき、粘り気と弾力性を併せもったグルテンという組織がつくられる。このグルテンが、酵母が排出した二酸化炭素をしっかり受け止め、生地は風船のようにふっくらと膨らむ。酵母と小麦の相性が抜群によかったという幸運が、パンをこの世界に生み落としたのだ。

## 「菌」と神様

人類がパンとの遭遇を果たした頃、メソポタミアやエジプトでは、すでにワインやビールもつくられていた。

当時の人は、ワインを「神様の血」と考えた。ブドウの実をつぶして置いておくと、ブドウの糖分を酵母が食べ、二酸化炭素とアルコールがつくりだされる。そして、香り豊かな、人間を心地よく酔わせてくれるワインという飲みものへと姿を変える。ブドウの果汁から二酸化炭素がぶくぶく湧きだす様子が生命の息吹を連想させ、ブドウの鮮やかな赤が血液を連想させた。そこに、神秘を感じずにはいられなかったのだろう。その心は、数千年という時間を越えて受け継がれる。キリスト教では、パンが「イエスの聖なる肉」として、ワインが「イエスの聖なる血」として、神聖視されていくことになるのだ。

ちなみに、米からつくられる日本酒の起源は、稲作の伝来とほぼ同じ時期にまで遡ることができる。

日本酒は、酵母の力だけではなく、乳酸菌や麹《こうじ》菌（カビの一種）というさまざまな「菌」の力を借りてできあがる。麴菌は米のデンプンをブドウ糖に分解する（糖化と言う）。乳酸菌は糖分を分解して乳酸をつくりだして、酵母が働きやすくなる環境をつくる。そのなかで酵母は、糖分を二酸化炭素とアルコールに分解する。幾種類もの「菌」たちが手を取りあって、日本酒をこの世に生み落とすのだ。かかわりをもつ「菌」が増える分だけ、日本酒づくりには、ビールやワインよりも格段に繊細で高度な醸造技術が必要となる。

この日本酒も、パンやワインの例に漏れず、神事とは切っても切り離せない神聖な飲みものだとされてきた。つまり、洋の東西を問わず、人類は、「発酵」という作用の背後に、いつも神様の存在を感じてきたということだ。

この、「発酵」という神秘の営みをもたらしているのは、自然界で生きている「天然菌」たち。きっと、昔の人たちは、目には見えない「天然菌」たちの存在を、肌で敏感に感じとり、「神様」という存在を実感していたのではないだろうか。

## 「酵母」にも個性がある

話をふたたび、僕のパン屋修業時代へと戻す。

働きはじめてしばらくすると、夜中に起きる生活に身体が徐々に慣れ、パンづくりの勉強を本格的に始めた。今や僕の人生を賭けた仕事となった「発酵」にかかわることも、当時は、まったくもってチンプンカンプンだった。とくによく分からなかったのが、「イースト」と「天然酵母」の違いだった。

巷《ちまた》のパンの本を読むと、「イースト」とは、「製パンに適した酵母を工業的に純粋培養したもの」と説明されている。一方の「天然酵母」は、「酵母を純粋培養せずに、野生の菌を増殖させたもの」。当時の僕には、これらの意味するところがちっとも分からなかった。

当時そのパン屋には、理知的な感じの青年、アルバイトのTさんがいた。聞けば、夜間のパン専門学校に通いながら、午前中だけパン工房で働いているとのこと。僕と同じく、脱サラしてパン屋を目指していたのかもしれない。

そこで、仕事のスキを見て、Tさんにいろいろ聞いてみた。

「今『発酵』について勉強してるんですけど、『イースト』と『天然酵母』って結局、何が違うんですか？」

「たしかに分かりにくいですよね、イーストと天然酵母は……」

Tさんは、作業の手を止めることなく、顔だけをこちらに向けて話しはじめた。

「ひとくちに『酵母』って言っても、人間でも、ワタナベさんと僕では、背格好や見た目も性格も食べものの好みもぜんぜん違うように、酵母もひとつひとつ違うんですよ。デンプンが好きとかタンパク質が好きとか、酸性に強いとか弱いとか、水分に強いとか弱いとか、そんな感じです」

「なるほど」

「そういういろんな種類や性格の酵母を使ってつくるのが、『天然酵母パン』なんです。酵母だけでなく、自然界には、いろんな菌が、空気中でふわふわしてたり、作物にくっついたりして、あらゆるところに棲息《せいそく》してるんです。それに対して、『イースト』は、たくさんいる『野生の酵母』のなかから、製パンに向いた酵母を選びだして、それだけを人工的に増やしたものなんです」

「いわゆる『純粋培養』ですね。それってどういうものなんですか？」

「人間に無理やりたとえると、働き者だけを選抜して、そいつだけを増やしていく感じです。怠け者とか仕事できない奴をふるい落としていくんです。仕事のできる酵母、つまりパンをきっちり膨らませてくれる酵母だけを選んで、隔離して増やすってことですね」

「なるほど。それだけだと、そんなに悪いことには思えないのですが、イーストはダメだという人がいるのはなぜですか?」

「いろいろあるんですけど、ひとつは、培養の仕方が問題だっていう人もいます。栄養たっぷりの培養液のなかで酵母を増やすらしいんですけど、そのなかにいろいろ添加物が入って、それが身体によくないって。あるいは酵母の改良をするために薬品使ったり、放射線を当てたりして、突然変異を起こさせるっていう話を聞いたこともあります」

農産物の卸売会社に勤めていたときの経験から、十分にありうる話だと思った。品種改良のために、放射線で遺伝子を壊し、新しい品種をつくりだしているという話を聞いたことがある。それと同じことが、微生物の世界で行われていても不思議ではない……。

## 食べものを「腐敗させない」スーパー酵母

「なるほど、それでイーストは危ないから、天然酵母でパンをつくろう、天然酵母のパンを食べたいっていう人が増えてきたっていうことなんですね」

「それだけではなくて、味とか香りの違いもあります。イーストでつくると、純粋培養してるんで、味も香りも単調になりがちなんです。天然酵母だと、いろんな性質の違う酵母が働くので、味も香りも広がる。それに、他の菌、たとえば乳酸菌やなんかも混ざりこむので、味わいに奥行きが出るんです」

「安全だし美味しいなら、みんな天然酵母でパンをつくればいいと思うんですけど、なんでイースト使う必要があるんですか？」

「いろんな菌がいると、その分、発酵の管理が難しくなるんです。怠け者の菌や腐らせちゃうような菌まで入りこんだり、温度とか湿度とか、まわりの環境の影響を受けやすくなったり。人間でも、いろんな奴がいっぱいいると、まとめるの大変じゃないですか。それよりも、文句を言わずにこっちの言うことを聞いてくれて、みんな同じように動いてくれるほうが、まとめやすいですよね。だから、管理しやすいように、イーストを使うんです」

「なるほど」

「要するに、イーストを使えば、誰でも簡単にパンを発酵させられるようになるってことです。発酵の途中でうっかり腐らせるようなことがなくなるんですよ。『イーストは科学の賜物《たまもの》、自然に対する人類の勝利だ』って、専門学校の先生は力説してましたから」

パンが日本に本格的に上陸したのは、幕末の開国から明治にかけてのこと（『パンの明治百年史』パンの明治百年史刊行会）。アメリカやヨーロッパから、製パン技術をもった人たちが日本にやってきて、横浜や神戸、長崎など、外国に向けて開かれた港のある街で、少しずつパンが広まっていく。

当時は、イーストなどなかったから、「発酵させること」が、パンづくりの技術の中心を占めていた。素材をいかに「腐敗」させないかが、職人たちの腕の見せどころだったのだ。

パン種《だね》の発酵技術は、パン屋の秘伝中の秘伝とされ、親方から弟子に、修業を通じて伝授されるものだった。当時の日本のパン屋は、マルクスの時代のイギリスのパン屋と同じように、親方から技術を認められた職人だけが、「暖簾《のれん》分け」で店をもつことができたのだ。

そんなパンの世界を大きく変えたのが、純粋培養されたイーストだった。大正時代から昭和の初期にかけて、イーストの製法とイーストによる製パン技術が国内で確立され、誰でも簡単にパンがつくれるようになった。

イーストは、パン屋の経営や労働のかたちを大きく変えた。パンづくりから技術や熟練が不要になり、親方から弟子へ技術を伝授する徒弟制度が崩壊、資本家（経営者）と労働者という資本主義的な雇用関係がパン屋に広がっていった。

田舎のパン屋のマルクス講義⑥

## 「技術革新」で「利潤」が増える

ここで考えてみたいことがある。イーストの登場（＝技術革新）で、素材を選ばず安価に手軽にパンをつくれるようになり、パンづくりにかかる労力は大幅に軽減されたはず。それなのに現代のパン屋で修業していた僕の仕事の過酷さは、なぜマルクスが生きた150年前と変わらないのか？

この「技術革新」の話もまた、資本主義のシステムを考える重要なポイントなので、ここでふたたび、「田舎のパン屋」のマルクス講義をしてみたいと思う。

マルクスが言うには、生産性が向上すると、資本家（経営者）にとってとても嬉しいことが起こる。具体的に見てみよう。

「労働力」の「交換価値」（給料）は、1日あたり6000円、1時間の労働でパン10個をつくり、そのとき生みだした「交換価値」が1000円分だとする（つまり、パン1個100円）。このとき、資本家が給料分の元をとるには、パンを60個つくって売らなければならない。つまり、6時間働かせれば、元をとることができる。この調子で8時間働かせて、パンを80個つくって売ったときのコストと売り上げと「利潤」は、それぞれ次のようになる。

**支払ったコスト：労働力6000円**
**パンの売り上げ：100円×80個＝8000円**
**得られる「利潤」：8000円（売り上げ）－6000円（コスト）＝2000円**

それが、イーストによる技術革新の結果、1時間の労働で20個のパンがつくれるようになったとする。すると、全体の労働時間は同じ8時間で、1日に生産できるパンの量は2倍の160個となり、このときのコストと売り上げと「利潤」は、それぞれ次のようになる。

**支払ったコスト：労働力6000円**
**パンの売り上げ：100円×160個＝1万6000円**
**得られる「利潤」：1万6000円（売り上げ）−6000円（コスト）＝1万円**

労働時間を長くしていないのに、「利潤」が2000円から1万円と大幅に増えた。きっと、資本家は、ヨダレを垂らして喜んでいるはずだ。

## 田舎のパン屋のマルクス講義⑦ 「技術革新」は誰のため？

技術革新で生産性が向上すると、労働時間を延ばすことなく、資本家（経営者）は多くの「利潤」を手にすることができる。

労働者の立場からすれば、増えた分の「利潤」を少し分けてくれと言いたくもなるが、それまでさんざん働かされてきたことを考えると、毎日8時間だけ働けばいいのなら、それはそれでよしとする気にもなる。資本家は多くの富を得て、労働者は多くの休みを得る。

——しかし。150年、いやほんの20年前と比べても、とんでもなく技術革新が進んだ今もなお、パン屋もサラリーマンも、休みを多く得るどころか、相変わらず無茶苦茶に働かされている。いったいなぜ。

マルクスはこう言っている。「技術革新」は、けっして労働者を豊かにはしない。むしろ、資本家が労働者を支配し、より多くの「利潤」を得るための手段である、と。

じつは、さっきの技術革新〈後〉の売り上げの計算式にトリックがある。「商品」の「交換価値」の原則では、パン1個の「価格」は100円ではなくなるのだ。「商品」の「価格」は、「交換価値」によって決まった。要は、「労働時間」だ。技術革新の〈前〉と〈後〉で、1時間あたりにつくれるパンの量が2倍になったということは、パン1個あたりの「交換価値」は半分になっているはず。だから、技術革新〈後〉の正しいパンの「価格」は、技術革新〈前〉の半分の50円になっていなければいけない。

ところが、ある条件のもとでは、技術革新〈後〉も、それ以前と変わらない「価格」で「商品」を売ることができる。それは、新しく開発された技術を、限られた特定の資本家だけが使っている、という条件だ。

「交換価値」の大きさは、世のなか一般の標準的な技術水準にもとづいて決まっていた。ということは、世のなかのほとんどのパン屋が、1時間に10個のパンをつくる技術しかない状態であれば、ひとり先んじて「技術革新」に成功したパン屋は、技術革新〈前〉の「価格」のまま、パンを売ることができ、結果、大きな「利潤」を手にすることができるわけだ。

けれども、資本主義は競争社会だ。資本家どうしが、より多くの「利潤」を得るために激しく競争している。新しい技術を手にした資本家は、より多くのシェアを得ようとして、少し「価格」を下げて攻勢をかけるかもしれない（たとえば、パンを1個80円で売る）。後れを取ったライバル資本家は、太刀打《たちう》ちできなければ淘汰《とうた》されてしまう。必死で食らいついて、同じ技術レベルに追いついたとすると、今度は反撃のために、「価格」をさらに下げるかもしれない（たとえば、パンの値段を50円にする）。

その結果、「商品」はやがて「交換価値」どおりに売られるようになり、「利潤」は技術革新〈前〉の状態に戻っていく。そのときのコストと売り上げと「利潤」は、次のとおり。

**支払ったコスト：労働力6000円**
**パンの売り上げ：50円×160個＝8000円**
**得られる「利潤」：8000円（売り上げ）－6000円（コスト）＝2000円**

田舎のパン屋のマルクス講義⑧

## 最後に笑うのは、誰だ？

さて、資本家（経営者）にとって、「技術革新」で手にした大きな「利潤」を価格競争で失うのは、面白くない話かもしれないが、労働者にとっては、「商品」の「価格」が下がるのは朗報だ。これで生活が楽になる。めでたしめでたし……とは、残念ながらいかない。このままいくと、給料が下がってしまうのだ。

「労働力」の「交換価値」（給料）が、生活費と技術習得費と家族の養育費の合計額を基準に決まっていたことを思いだしてみてほしい。「商品」の「価格」が安くなれば、生活費も養育費も（場合によっては技術習得費も）安くなる。その結果訪れるのは、「労働力」の「交換価値」の低下だ。「商品」の「価格」が下がることで、まわりまわって給料までもが下がってしまう。結局、最後に笑うのは、労働者ではなく資本家なのだ。

それだけではない。「技術革新」は、たいていの場合、労働を単純に（あるいは楽に）する方向で進む。パンづくりでイーストが歓迎されるのも、パンづくりの手間を大幅に軽減するからだ。これは一見、パンのつくり手にもありがたい話だが、長い目で見ると、じつは労働者の首を絞めることにつながる。これまた、「労働力」の「交換価値」（給料）を下げることになるからだ。労働が単純になると、技術は要らなくなる。すると、技術習得費が浮いた分だけ、給料も下がってしまうのだ。

さらにもうひとつ、労働が単純化することで、労働者が受ける大きな影響がある。単純な労働は、「誰でもできる」仕事になって、いくらでも替えがきくようになるのだ。このことを、マルクスはこんなふうに表現している。

「労働者は機械の単なる付属物となり、こういう付属物として、ただもっとも単純な、もっとも単調な、もっともたやすく習得できるこつを要求されるだけである」
『共産党宣言』（岩波文庫）

「機械」は、「技術革新」の象徴だ。チャップリンの映画『モダン・タイムス』で描かれているように、人間が機械を使っていたつもりが、いつしか人間が機械に追い回されることになる。

パン職人も、イーストなくしてパンがつくれなくなってしまえば、「イーストの付属物」となったも同然。こうなると、パン職人という名の「付属物」は、いくらでも替えがきくようになる。どれだけ無茶苦茶に働かされようとも、ただひたすらそれを耐えるしかない。資本家は、逆らう奴はクビにすればいいいし、脱落したら人を補充すればいい。

僕が最初に働いた、あのブッチャーのパン屋が、まさにそういうパン屋だった。僕が面接で店を訪ねたとき、一番の古株だった勤続2ヵ月の従業員は、僕と入れ替わりで店を辞めていった。残ったのは、勤続7日のSくんと、勤続3日の女性の従業員、そして僕というメンバーだ（あとはアルバイトのTさん）。

労働環境が劣悪だから、従業員の定着率が信じられないほど悪い。でも、労働が単純だから仕事はなんとか回る。要するに、働き手は誰でもいい。でも、クビにされたら困ってしまう。だから、僕らは無茶苦茶に働かされても、文句ひとつ言うことすらできない。

人がどんどん辞めていく劣悪な労働環境と、そこで働く職人たちの心もとない技術は、労働が単純化された結果生まれた、兄弟のようなものだったのだ。

## 田舎のパン屋のマルクス講義⑨ ふたつの「しょく（職・食）」が安くなる

僕たちが生活するために必要な「商品」のなかで、大きな割合を占めるのが、「食」だ。

その「食」が、今凄まじいまでに安くなっている。ハンバーガーもカップラーメンも200円でお釣りが来る。牛丼だって200円台で食べられる。食べものは安ければ安いほどいいという風潮があるが、マルクスに言わせるとそれは大きな間違い。

「職」（労働力）を安くするために「食」（商品）を安くする——。それが、マルクスが解き明かした資本主義の構造なのだ。

農産物の輸入も、「食」を安くするひとつの方法だ。タイムリーなところでは、TPP（環太平洋パートナーシップ協定）に参加すれば農産物価格が今よりも安くなる、米と牛肉の関税が撤廃されれば牛丼は200円を切る、などという話があるが、この手の話は、何も今になって始まったことではない。マルクスは、当時の資本家（経営者）が、農産物の輸入自由化についてどんなふうに考えていたか、その本音を引用して紹介している。

「産業の利益は、穀物およびすべての食糧品ができるだけ安いことを要求する。というのは、それらを高くするものがなんであろうと、それは、労働をも高くするに違いないからである。（略）食糧品の価格は、労働の価格に影響を与えるに違いない。生活必需品の価格が安くなれば、労働の価格は、つねに引き下げられるであろう」（『資本論』第1巻第4篇第10章・新日本出版社）

消費者目線で考えてみても、「商品」が安ければ安いほど、ありがたく感じられる。もちろん「商品」の売り手目線でも、安くしたほうが売れる、という思いはついて回る。けれどもそれが巡《めぐ》り巡って、労働者の首を絞める。マルクスは、そのことを教えてくれる。

イーストを使って誰でも簡単にパンがつくれるようになると、パンの値段が安くなり、パン屋の労働者は安くこき使われ続ける。そして、工房での労働は単純化され、パン屋本来の技術は、いつまで経っても身につかない。

その悪循環から抜けだすために——。厳選した食材を使い、手間暇をかけて、しっかりとパンをつくる。そしてその対価として真っ当な価格をつける。パン職人の技術を活かしたパンをつくり続けられるように、しっかり休む。「タルマーリー」ではそんなパンづくりを目指し、実践しつつある。このお話もまた、第Ⅱ部で詳しくお伝えしていきたい。

# 第五章　腐らないパンと腐らないおカネ

## （修業時代の話3）

# 酒種パンができるまで

## その5

さて、ここからが酒種の仕込みです。

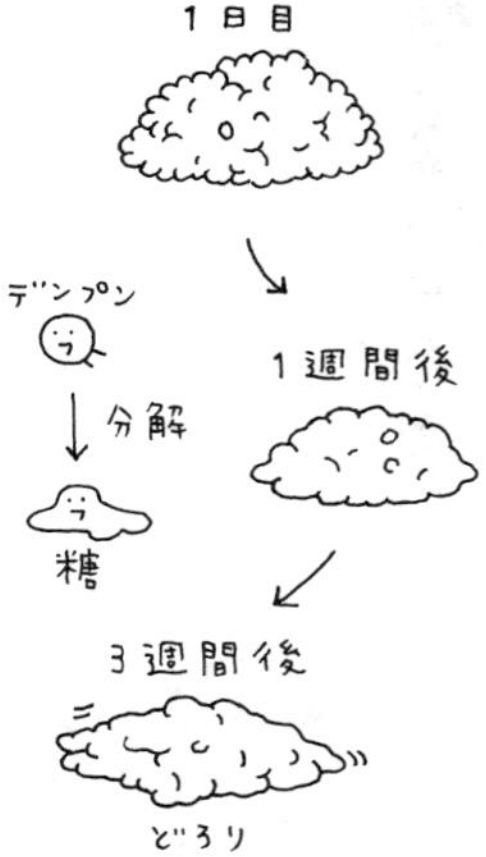


その3の米麹と、その4の菩提酛、冷やご飯（その4の生米を炊いたもの）を混ぜて置いておくと、米のデンプンが糖に分解されて、どろりと溶けた状態になります。

## 袋詰めされた「天然酵母」

僕のパン屋修業時代の話を続ける。地獄のようなパン工房での、イーストと天然酵母をめぐるTさんとの話には、続きがあった。

「ところで天然酵母って、どうやってつくるんですか？」

「さっきも話しましたけど、『野生の酵母』は、自然界のいろんなところに棲息してます。空気中とか果物や穀物の皮の表面とか。酵母は、糖分を食べて繁殖するので、糖分の多いレーズンとか果物とかは、つぶして置いておくと、どこからか酵母がやってきて、それで発酵が始まります」

「けっこうカンタンそうに聞こえるんですが……」

「家庭で趣味でつくるぐらいの質と量でいいなら、それでいいかもしれないですけど、売り物のパンを毎日たくさんつくろうと思ったら、相当大変ですよ。発酵具合も、日によって変わったりしますから」

「そういうことか……。でも、うちの店って、そんな発酵のさせ方してませんよね。

あれで『天然酵母』っていうのはどういうことなんですか？」

店の看板には、「天然酵母」と堂々と掲げられている。だが実際には、イーストと同様、ビニール袋に入った「天然酵母パン種」なるものを業者から仕入れて生地に混ぜ、それでパンをつくっていた。

「けっこう微妙なんですよね、どこまでが『天然酵母』かっていうのは。僕も気になって、社長に聞いてみたことがあるんです。そしたら、『このパン種は、培養液も使ってないし、品種改良もしてないから、イーストとは違う！　文句なしの天然酵母だ』って」

「そうなんですか」

「大きな声じゃ言えませんけど、『パン種』のメーカーとうちの社長はグルなんです。一緒に『パン種』を開発して、『天然酵母』と名乗っていい〝基準〟までつくってます。うちの店も、その基準を満たしてるから、堂々と『天然酵母パン』の看板を掲げてるってわけです」

「えーっ！」

「『天然酵母』っていうのは、ある意味『ブランド』みたいなものなんです。『天然酵母パン』を欲しがるお客さんは多いですから、『天然酵母』価格で売れますし。パン屋はどこも経営が厳しいですから、『パン種』はありがたい〝商売のネタ〟なんです。おかしな話だとは思いますけどね」

## 添加《てんか》物入りの「無添加パン」

もうひとつ、この店で気になっていたことがあった。

「ナントカ色素」やら「カントカ香料」やらを添加してパンをつくっているのに、「無添加」を掲げて販売していたのだ。

そのカラクリも、Tさんが明かしてくれた。

「原則としては、食品添加物を使用した場合は、すべて物質名で表示することが義務付けられていますが、例外として、添加物の表示を省略していい場合が3つあります。ひとつが、『加工助剤』といって、調理の過程で消えるものは表示しなくていいんです」

「調理の過程で消えるってどういうことですか？」

「焼くと蒸発するとか、そういうことです」

「何か釈然としませんけど……」

「そういう法律なんですよ。ふたつ目の例外が『キャリーオーバー』です。原材料にもともと入っている添加物は表示しなくてもいいんです。たとえば、うちの店が使ってる小麦粉には、増粘剤とかビタミンCとか入ってますけど、そういうのは表示する必要がありません」

「それはまたどうしてですか？」

「面倒臭いと思った人がいるんじゃないですか、いちいち調べて表示するのが。意味不明ですけど。でもこれが現実です。で、3つ目が、『栄養強化剤』っていって、栄養強化目的で入れた添加物は表示しなくてもいいってことになってます」

「意味がよく分かんないんですけど……」

「たとえば同じビタミンCでも、酸化防止目的だと『酸化防止剤（ビタミンC）』っていう感じで表示しなきゃいけないんですけど、栄養強化目的なら表示しなくてもいいんです」

「そんなの、ものは言いようですよね。ただの言葉遊びじゃないですか？」

「ほかにも、いくつか使った添加物をまとめて表示してもいいっていう規定もあります。で、ここまでは、例外規定ですけど、いちばん大きな抜け道がまだ残ってます。店でつくったものをそのまま売る対面販売なら、基本的に何をどれだけ使っても表示の義務がないんです」

「えーっ、何それ!?」

「表示しない代わりに、店の人に聞けば、何をどれだけ入れたか分かるからっていうことになってるみたいです、いちおうの理屈では」

危険かもしれないものは使わない。

それが、「食」にかかわるすべての人の基本スタンスであるべきだと、僕は思っている。そのことを、僕は2軒目の修業先で出会った「パンの師匠」からみっちり教わった。

添加物の安全性や危険性には、さまざまな議論があるが、僕の考えでは、添加物は「安全かどうか分からないから、危険かもしれないもの」だ。添加物を使っているのに「無添加」を名乗るなんて、パンの「使用価値」を「偽装」する確信犯以外の何物でもない。

## 鼻のグズつきの原因は……

もう少し、1軒目のパン屋の話を続ける。店で働きはじめて数ヵ月もすると、気がつけば鼻がグズグズするようになってきた。ある日、鼻をすすりながらパン生地を捏ねていると、Sくんが僕に話しかけてきた。

「ワタナベさんも、ようやくパン職人っぽくなってきましたね」

「ホント？　手つきが板についてきたかな？」

「違います。鼻すすってるじゃないですか。パン職人の職業病なんです」

「どういう意味？」

「小麦アレルギーだと思いますよ。僕は鼻よりも手のほうがひどいですけどね」

Sくんは、あかぎれでカサカサになった手を僕の目の前に差しだした。

「でも、小麦アレルギーのほんとうの原因は小麦じゃないって見方もあるんですよ。ワタナベさんは、輸入小麦のポストハーベスト農薬って知ってます？」

日本で流通している小麦粉の90％近くは輸入品で、輸入小麦には、船便で出荷する前に殺虫剤が振りかけられている。輸送中に虫が大量発生するのを防ぐためだと言われている。この殺虫剤が、収穫（ハーベスト）の後（ポスト）に使われるから「ポストハーベスト農薬」と呼ばれているのだ。

収穫後の作物に農薬を振り撒くことは、日本国内では危険だとして禁じられている。ところが、これがなぜか輸入品に関しては当てはまらない。船便で出荷されてから日本に届くまでの約2週間、小麦は、船の上で殺虫剤とともに波に揺られているのだ。

輸入小麦は、日本政府がほぼすべての量を一括して買い入れている。政府は、輸入した小麦を製粉会社に売り渡し（売り渡し価格は政府が決める）、製粉会社は小麦の粒を挽いて（たいていの場合はそれをブレンドして）、小麦粉として販売している。

「国や製粉会社は、小麦から検出される農薬は基準値を下回ってるし、小麦粉を加工して食べる分にはまったく問題ないって言うんですけどね。僕の知ってるパン職人は、だいたい鼻か肌かやられてますし、ワタナベさんの鼻や僕の手も、残留農薬のせいなんじゃないですかね」

「…………」

僕の最後の修業先、「ルヴァン」というパン屋では、国産小麦だけでパンをつくっていた。そこで働きはじめてしばらく、気がつけば、僕の鼻の調子がすっかりよくなっていた。

## 腐らないパン

自然界のあらゆるものは、時間とともに姿を変え、いずれは土に還る。それが「腐る」ということだ。その変化の仕方には、大きくふたつある。「発酵」と「腐敗」――。それを引き起こすのが「菌」の働きだ。

本来、天然の「菌」は、リトマス試験紙のように、「腐敗」させるか「発酵」させるか、素材の良し悪しを見分ける役割を果たしている。

素材が人間の生命を育《はぐく》む力を備えている場合、「菌」は素材を、人間を喜ばせるパンやワインやビールのような食べものへと変える。食べものをより美味しくしたり、栄養価や保存性を高めたりする。お酒のように楽しく酔わせてくれたりもする。これを「発酵」と言う。

一方で、生命を育む力をもたない食材は、食べないほうがいいよと人間に知らせるために、無残な姿へと変える。人間が食べると害になる。これを、「腐敗」と言う。

「発酵」と「腐敗」は、どちらも、自然界にあるものが、「菌」の働きによって土へと還る、自然のなかに組みこまれた営みだ。つまり、自然界のあらゆるものは、時間とともに姿を変え、いずれは土へと還っていく。

けれども、イーストのように人工的に培養された菌は、本来「腐敗」して土へと還るべきものをも、無理やり食べものへと変えてしまう。「菌」は「菌」でも、自然の摂理を逸脱した、「腐らない」食べものをつくり出す人為的な「菌」なのだ。

添加物や農薬といった食品加工の技術革新も、同じような作用を引き起こしている。時間とともに変化することを拒み、自然の摂理に反して「腐らない」食べものを生みだしていく。

この「腐らない」食べものが、「食」の値段を下げ、「職」をも安くする。さらに、「安い食」は「食」の安全の犠牲のうえに、「使用価値」を偽装して、「食」のつくり手から技術や尊厳をも奪っていく。その様子は、ここまで見てきたとおりだ。

そしてもうひとつ。時間による変化の摂理から外《はず》れたものがある。それが、おカネだ。

おカネは、時間が経っても土へと還らない。いわば、永遠に「腐らない」。それどころか、投資によって得られる「利潤」や、おカネの貸し借り（金融）による利子によって、どこまでも増えていく性質さえある。

これ、よく考えてみるとおかしくないだろうか？　この「腐らない」おカネが、資本主義のおかしさをつくりだしているということが、僕がこの本で言いたいことの半分を占めている。

## 腐らないおカネ

僕に「腐らないおカネ」という見方を教えてくれたのは、「時間どろぼう」で有名な『モモ』を書いたミヒャエル・エンデというファンタジー作家だった。僕がまだ大学生だったとき、『エンデの遺言「根源からお金を問うこと」』（ＮＨＫ出版）という本と出会ったのがきっかけだ。

　ここで簡単に、金融によっておカネがどう増えるかを見ておこう。

　ある人（Aさんとする）が、銀行に100万円を預けた（貸した）とする。この100万円は、本来はAさんのものだけれど、銀行は、Aさんから預かった（借りた）100万円を律儀《りちぎ》に金庫に眠らせておくわけではない。このうちのたとえば80万円を、事業資金として工場を経営するB社に融資する。

　Aさんは、100万円を資産としてもっているし、B社も現金80万円をもっている。もともと100万円だったAさんのおカネが、銀行の融資（B社から見れば借金）によって、180万円に増えている。

　これを、金融用語で「信用創造」という。信用、つまり借金によっておカネをつくりだす、銀行だけがもつ特殊な金融機能だ。

　しかも、借金には「利子」がつきもの。B社は、借りたおカネに何パーセントかの「利子」をつけて返さなければならない。B社は、借りたおカネを元手に、「労働力」や機械に投資して「利潤」をあげ、そこから「利子」を支払う。

　おカネは「腐らない」ばかりか、資本主義経済のなかで「利潤」を生み、金融を媒介にして、「信用創造」と「利子」の力でどんどん増えていく。かたちあるものはいつか滅び、土へ還るのが、自然界の抗《あらが》いがたい法則なのに、おカネはそもそも、そこから外れ、どこまでも増え続ける特殊な性質をもっている。そのおカネの不自然さが、社会にさまざまな問題をもたらしていると、エンデは考えたわけだ。

## 腐らない経済

マルクスが生きた時代、おカネと言えば「金《きん》（Gold）」そのもの、あるいは「金（Gold）」と交換できることを意味していた（金本位制という）。

ところが今や、おカネの性質はすっかり変わった。おカネは「金（Gold）」から切り離され、お札を刷ればいくらでも増やすことができるようになっている。さらに、コンピュータ上でどこまでも無限に増殖することが、理屈のうえでは可能だ。

エンデは、おカネの性質が変わり、増殖に歯止めがかからなくなっている危うさを指摘した。それによって、21世紀の資本主義は、文字どおりどこまでも、「利潤」を増やすことが可能になっているというのだ。作用が大きくなれば、反作用も大きくなるのが、ものの道理。「利潤」を追求する力が大きくなれば、そのために犠牲にされるものも大きくなる。

資源開発のために環境を破壊したり、廃棄物や排ガスを垂れ流して公害を生みだしたり、安全性が完全には証明されていない農薬や化学肥料、食品添加物、遺伝子組み換え作物を使ったりもする。さらには、原子力発電のように人間がとても制御しきれるとは思えない危なっかしい技術まで生みだし、その放射性廃棄物は、今後何万年も生命に危機を及ぼし続ける（これも「腐らない」と言えそうだ）。世界中でとんでもないことが起き続けている。

その事態に、火に油を注ぐものでしかないと思えるのが、おカネの大増発だ。財政政策（赤字国債発行）と金融政策（ゼロ金利政策・量的緩和）でおカネをばら撒き、垂れ流し、世のなかにおカネをあふれさせている。

かつての日本のバブル経済や、サブプライム・ローンの活況をもたらしたアメリカの住宅バブルも、市場にマネーを大量供給したことによるカネ余りが生んだ現象だった。僕らの店が、開業準備中から開業直後に苦しめられた食料価格の高騰も、開業半年後に見舞われたリーマン・ショックも、ただの「貨殖術」でしかない。

資本主義は、矛盾に満ちている。「腐らない」おカネが、資本主義の矛盾を生みだしている。それならいっそ、お金や経済を「腐らせて」みたらどうなるだろうか？
それは、「天然菌」の力を借り、「発酵」と「腐敗」のあいだでパンをつくる僕にとって、しっくり来る発想だった。

## 経済を腐らせる

僕が会社を辞めてパン屋になろうと目指したとき、僕は、資本の論理が支配する世界の「外」に出るつもりだった。けれども、僕が勝手に「外」だと思っていたパン屋修業の現場は、むしろシステムの「ど真ん中」だった。僕は、そこに自ら飛びこんでしまった。

でも、じつはそれがよかったと、今では思っている。「都会のパン屋」、「まちのパン屋」で働くことで、僕は、この「腐らない」おカネが生みだす資本主義の矛盾を、骨の髄まで身に沁みて体感することになった。さんざんな目にあって、これから先、目指すところがはっきりした。この真逆をやればいいんだと気がついた。「田舎のパン屋」になるために、大きな糧となったのだ。

だから、僕ら「田舎のパン屋」が目指すべきことはシンプルだ。「食」と「職」の豊かさや喜びを守り、高めていくこと、そのために、非効率であっても手間と人手をかけて丁寧にパンをつくり、「利潤」と訣別《けつべつ》すること。それが、「腐らない」おカネが生みだす資本主義経済の矛盾を乗り越える道だと、僕は考えた。

そのビジョンに向かって、ときに直感に従い、ときに失敗や試行錯誤を繰り返しながら、パンの製造や店の経営の現場でひとつずつかたちにしていくなかで、僕らは「菌」と巡りあった。純粋培養されたイーストではない、人類が昔からつきあってきた「天然菌」だ。

自然界では、「菌」の営みによってあらゆるものが土へと還り、「循環」のなかで生きとし生けるもののバランスが保たれている。ときおり環境に変化が起こり、バランスが失われたときも、「循環」のなかで自己修復の作用が働いて、バランスが取り戻される。その自然のバランスのなかで、誰かが独り占めするわけでも、誰かが虐げられるわけでもなく、あらゆる生物がそれぞれの生を全《まっと》うしている。「腐る」ことが、生命の営みを成り立たせている。

この自然の摂理を、経済活動に当てはめてみるとどうなるだろうか。生を全うする根底に「腐る」ことがあるのだとすると、「腐る経済」は、僕らひとりひとりの暮らしを、穏やかで喜びに満ちたものへと変え、人生を輝かせてくれるのではなかろうか。

自然界の「腐る」循環のなかでは、ときに「菌」たちが、パンやビールや日本酒など、人間にとってありがたいものをもたらしてくれる。デンプンをブドウ糖に分解(糖化)し、タンパク質をアミノ酸に分解する……。菌という生命の営みが人間に恩恵をほどこしてくれる「発酵」は、僕たちの世界を味わい深く豊かにしてくれるのだ。それと同じように、人間も地域も、「腐る経済」によって、内なる力を発揮し、本来の生の滋味《じみ》を満喫できるようになるのではないだろうか。

僕には、マルクスが解き明かした資本主義の矛盾を解くカギを、「菌」が示してくれているように見えた。「田舎のパン屋」になった僕らが、マルクスと「菌」から教わった答え——。

それが、「田舎のパン屋」が見つけた「腐る経済」だ。

では早速、僕らが取り組む「経済の腐らせ方」を見ていきたい。

# 第Ⅱ部　腐る経済

# 第一章　ようこそ、「田舎のパン屋」へ

# 酒種パンができるまで

## その6

その5でどろりとなった米をこし、液体のほうを、そのまま2〜3日置きます。

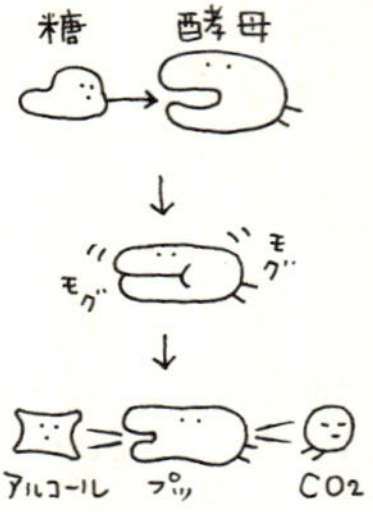


ここで登場するのが、パンの発酵の主役、酵母です。酵母は、糖をアルコールと二酸化炭素に分解する働きをします。

酒種完成

泡がブクブクとあがってきたら、酒種の完成!

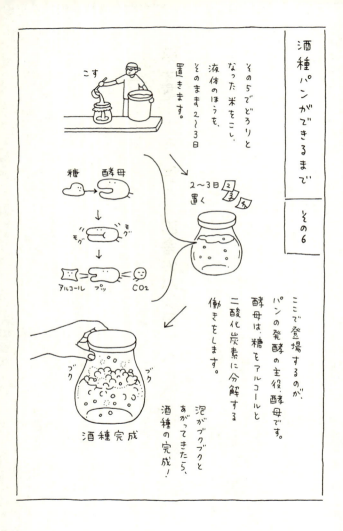

## 「菌」と子どもが伸びやかに生きる町で

「今日はあるかな？」

「ライ麦パン、ですよね？　今日は大丈夫です！」

「よかった、前来たときはなかったから……」

「そうでしたね。せっかく来ていただいたのにすみません。うちは曜日ごとにメニュー変えてまして、ライ麦パンは金曜日なんです。でも、お好きなんですね、ライ麦パン」

「この独特の酸味が癖《くせ》になってね。一種の中毒かな？　また買いに来ますよ」

「ありがとうございます。またのお越しをお待ちしてます」

ツーリングの途中なのか、ごくたまにバイクでやってきては、通《つう》好みの「ライ麦パン」（８００円）を狙《ねら》い撃ちする謎のライダーおじさん。

「いやぁ、ここのパン食べたら、ほかのパンが食べられなくなっちゃってね」

そう言って、毎週のように店に来てくれて、いつもきまって「レーズンブレッド」

（460円）を買っていかれる近所のおじさん。

この店には、いろんなお客さんがやってくる。

「この辺に、美味しいパンとコーヒーをいただけるお店ってないじゃない？」と、毎週木曜日、カフェを楽しんでくださるお上品な感じの仲良し奥様ふたり組もいる。奥様方がお好きなのも、「レーズンブレッド」それに「スコーン」（80円）や「バナナケーキ」（300円）。

パン工房でパンをつくりながら、隣の売り場で、マリやスタッフがお客さんと交わすやりとりを聴いているのはなんとも幸せな時間だ。けれども、工房のガラス戸から、ときおりうかがう町の通りは、平日の日中、ひっそりとしている。

岡山県、真庭《まにわ》市勝山（2005年、5町4村が合併して真庭市が誕生、ここで言う勝山とは、旧・勝山町のこと）。僕らが店をかまえるこの町には大きな産業がなく、15年前に9500人ほどいた町の人口は、今は8000人弱、毎年100人ぐらいのペースで減り続けているのだ。

2008年2月に、千葉県南房総のいすみ市で最初にお店を開いてから4年目。2

011年3月に起きた東日本大震災を機に僕らは勝山に移り、2012年2月に店を再開した。

僕ら夫婦が、商売をするには恵まれていないこの場所を選んだのは、ここ勝山に眠る大きな宝を見つけたからだった。すぐ近くに、山から湧き出る水があり、200年を超える歴史をもつ日本酒の蔵元がある。豊かな発酵・醸造の文化がある。きっと、ここには、「菌」が伸びやかに生きている。そして、職人がいて、「つくる」ことへの誇りとそれを称《たた》える空気が満ちている。僕らのパンづくりに欠かせない古民家が、ズラッと軒《のき》を連ねている。ここでなら、僕らのパンを今まで以上に輝かせることができる。

町が小さいおかげで、僕らが助けられていることもある。それは、町にすんなり溶けこめたということ。その最大の立て役者は、僕ら夫婦よりも、今年（2013年）で8歳になる長女のモコと、4歳になる長男のヒカルだ。

町のどこに行ってもふたりは可愛がられ、今ではすっかり町の人気者。遠方から僕らの友人が遊びに来てくれたときは、モコとヒカルが仲良く町の案内をしてくれ、そんなときはきまって、すれ違う町の人から声をかけられる。

「あら、タルマーリーさんとこのモコちゃん、ヒカルくんじゃない。今日はどうしたの?」

「お客さんご案内してるの」

「あら、偉いわねぇ」

そんなやりとりが、通りのあちこちで繰り広げられている。

## タルマーリーの自己紹介

僕らの店の名前は、「パン屋タルマーリー」。エキゾチックな名前ですね、などとたまに言っていただくが、そんな洒落《しゃれ》たものではない。イタルとマリコのパン屋だから、「タルマーリー」。けれどもこの名前は、僕らのお店のことを端的にあらわしているとも言える。

僕は、パンづくりにはとことんこだわれるけれども、けっこう打たれ弱い。ブログでちょっと叩かれたり、製造がうまくいかなかったりすると、すぐに落ちこむ。独立したばかりの頃、なかなか売れ行きが伸びなかった。僕ひとりだったら、値段を下げてでも売ろうとしたはず。

その点、マリは芯が強く、軸がブレずにどっしりとかまえていてくれる。何かあると落ちこみがちの僕にカツを入れ、弱気の虫を追い払ってくれる。大切なところは絶対に譲らない。だからこそ僕は、値段に見あった、値段を超えたパンをつくってやろうと、職人魂をメラメラと燃やし続けることができている。

ふたりがいないと店が成り立たないので、文字どおり、二人三脚、一心同体。仕事も人生もずっと一緒。ケンカもするけれど、僕が職人で、マリが女将《おかみ》、僕がパンをつくり、妻がパンを売る。そういう役割分担で、つくり手と売り手がお互いのことを考えながら、きちんと本音を言いあえる関係だからこそ、二人で一人になれる。

どちらかが欠けたら、その時点で「タルマーリー」は、「タルマーリー」でなくなってしまう。この一体感こそが、僕らの最大の強みかもしれない。

僕らがつくるパンは、次の5種類の酵母で全30種類ほど。曜日ごとに3～4種類の酵母で20種類前後のパンをつくっている。と言っても、月・火・水は、店はお休みだけれど……。

日本酒を醸造する酵母でつくる「酒種《さかだね》パン」（もちもち、しっとり、ほんのり甘い）
小麦の全粒粉《ぜんりゅうふん》から酵母をおこした「全粒粉酵母」のパン（ずっしりハードなフランス系）
ライ麦を発酵させた「サワー種」でつくる「ライ麦パン」（酸味が独特なドイツの黒パン）
レーズンを発酵させた「レーズン酵母」のパン（あっさりとした食味）
麦芽《ばくが》（モルト）を発酵させた「ビール酵母」のパン（麦芽の甘味がほのかに香る）

いちばんの看板メニューは「酒種パン」。もちもちした食感のなかから、酒種が醸《かも》す甘味が口のなかに広がっていくのが特徴だ。

パンの平均価格は400円。1週間に3日店を閉めて休んで、年1カ月は長期休暇をとる。月々の売り上げは、200万円前後で、年間で2000万円強だ。働いているのは、僕と妻のマリ、一緒に仕事してくれている湊《みなと》くん、三浦くん。渡邉家のふたりの子どもとあわせ、計6人の家計を支えている（ほかにも2人のアルバイトの方に手伝ってもらっている)。

僕らが暮らし、パンをつくる町家は、2階を家族の生活空間に当て、1階を工房とカフェとキッチンに改装した。改装は、ほとんど僕らの手づくりだったけれど、この町に来て1年以上が経ち、もう一段上を目指して、カフェ拡充にあわせてリニューアルする準備を進めている。今年(2013年)の秋には完成予定、僕たち自身が、いちばん楽しみにしている。

## 「不思議なパン屋」と言われて

僕らの店は、いろんな人から「不思議なパン屋」と言われる。もちろん、パン屋としてのキャラクターを立たせようと、ブランディングをしているとかそういうことではなくて、僕らが目指すパンづくりを追求していたら、気づけば「一風変わったパン屋」になっていたということだ。

僕らが目指すパンづくりとは——。第Ⅰ部でみてきた「腐らない経済」の真逆、小さくてもほんとうのことをするパンづくりだ。

できるだけ地場の素材を使い、環境にも人間にも地域にも意味のある素材を選ぶ。イーストも添加物も使わずに、手間暇かけてイチから天然酵母をおこして丁寧にパンをつくる。真っ当な〝食〟に正当な価格をつけて、それを求めている人にちゃんと届ける。つくり手が熟練の技《わざ》をもって尊敬されるようになる。そのためにもつくり手がきちんと休み、人間らしく暮らせるようにする……。

言葉にするとこういうことになるけれど、これらはみな、本を読んでお勉強したから思いついたことではないし、一朝一夕《いっちょういっせき》に実現できるものではない。小さくてもほんとうのことをする「田舎のパン屋」のビジョンを心に描きながら、何かを足したり、引いたり、組みあわせたり、まさに日々の小さな小さな試行錯誤を積みあげてできてきたものだ。そしてまさに今もなお、毎日が試行錯誤の連続だ。

たとえば、昨日まで元気よく膨《ふく》らんでいたパンが、ある日を境に突然膨らまなくなることもある。季節の変わり目や、新たに仕入れた素材をはじめて使うタイミングでこういうことがよく起こるけれど、そういうときは、「菌」の声にいつも以上に注意深く耳を傾ける。そうすると、「菌」が問題のありかを教えてくれる。

こうして「田舎のパン屋」は、パンのつくり方や、メニューや、経営のあり方を変えていく。

自然はつねに、気候や時間とともに循環しながら平衡を保っている。変わることをやめるということは、僕らが「菌」との対話を忘れてしまっているということだし、「腐らない経済」に一歩足を踏み入れてしまっているということになるだろう。

第Ⅱ部では、そんな僕らが積みあげてきた、そして現在進行中の挑戦の模様を、お伝えしていきたいと思う。

「田舎のパン屋」が見つけた「腐る経済」の柱は、大きく4つ。

「発酵」

「循環」

「利潤を生まない」

「パンと人を育てる」

まずは奥深き「発酵」の世界へと、ご案内しよう。

# 第二章　菌の声を聴け（発酵）

# 酒種パンができるまで

## その7

パンの原料は小麦。タルマーリーでは、地元で採れた小麦を自家製粉しています。全粒粉（表皮や胚芽の部分も使う）と、小麦粉（胚乳の部分だけを使う）の両方を混ぜて、パン生地をつくります。

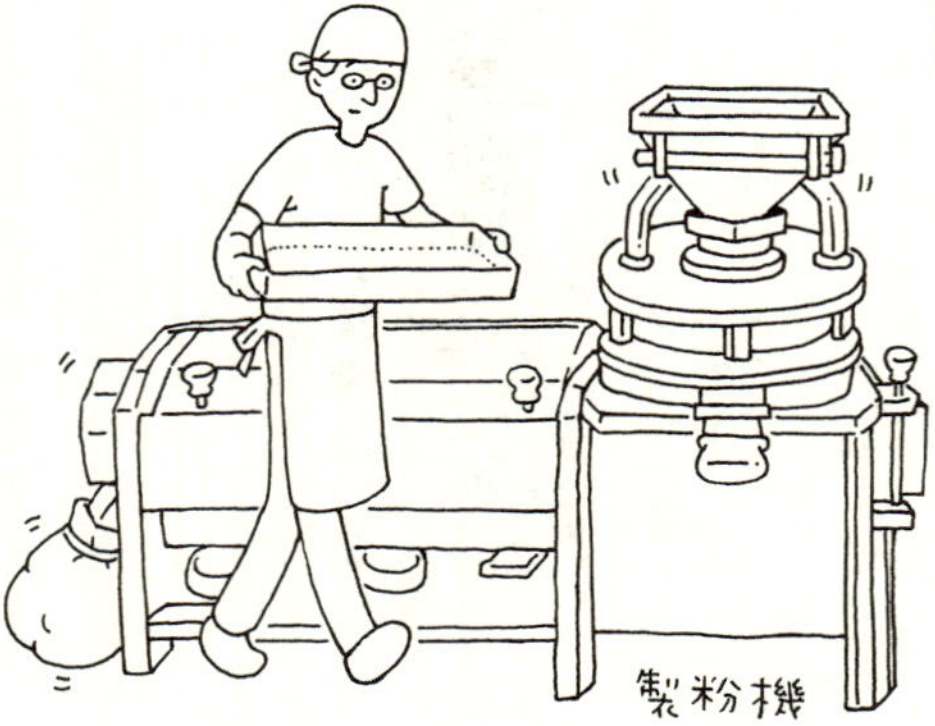

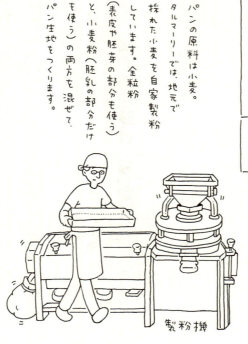

## 「菌」対「職人」の大勝負

黒、赤、黄色、緑――。

さて、どれからいくか……。

僕は、蒸し米についた色とりどりのカビのようなものたちを前に、腕組みをしていた。

直感では、きっとこのなかに、麹菌がいるはずなんだけどな……。

と、そこに、マリが工房の様子を覗きにきた。

「どう、天然麹菌採れた？」

「オレの勘《かん》では、このなかにいると思うんだけどね」

「うぇ～、すごい。これやっぱり、どう見たってカビだよね……」

「ひとつずつ食べてみようと思ってさ」

「うぅ～、気持ち悪い。イタル、後は任せた。私はパス。無事を祈る」

菌だって生きものなら、こっちだって生きものだ。生命に危険があるかどうかは、食べてみれば分かる。何百年も昔の人も、自分の感覚を頼りに、食べ分けていたはず。

さあ、やるしかない。工房にいる人間は僕ひとり。顕微鏡も何もなかった昔の人の気持ちになりきって、気ままに生を謳歌《おうか》する「菌」たちと対峙《たいじ》する。心を落ち着かせ、雑念を振り払い、感覚を研《と》ぎ澄ませる。ほんのわずかな身体の変化も見逃さないように——。

まず、黒い菌。ゾクゾクゾクッ——、舐《な》めたとたん、背中を寒気が走り、慌《あわ》てて吐きだして口をゆすぐ。

次は黄色。ジトッと全身の毛穴から冷たい汗が噴き出てくる。ペッ。こいつも違う。

じゃあ、次は赤。おまえはどうだ？　ビリビリッ——、舌先に痺《しび》れを感じ、全身を電気が駆けめぐる。危ない……。

残るは緑。口に含むと……柔らかな甘味があって、体が菌を受け入れている感じがする。こいつが麹菌か？　職人の勘でそう思う。少なくとも、人間に害はなさそうだ。

となれば、こいつがすくすくと育つための手伝いをするのが職人の仕事。危うく殺されるかもしれなかった黒、黄、赤の菌を丁寧に取り除き、麴菌にとって棲みよい環境にするための「場づくり」をする。そうやって、緑の菌が育つのを見守ること数日、次第に、緑の菌だけが米に付くようになっていった。

## 小さな「菌」の偉大なる力

「菌」は、小さな小さな生きものだ。僕らのパンづくりを助けてくれる酵母や乳酸菌、麴菌は、体長が1000分の数ミリから100分の数ミリほど、酵母と乳酸菌は、細胞ひとつひとつが生きていて、麴菌は、細胞が糸状に連なって成長する多細胞生物だ。

「菌」の小ささは、たとえていうなら、宇宙における人間のようなものかもしれない。肉眼で姿を見ることはできないし、「菌」の存在を感じて生きているという人など、ほとんどいない。人間からすれば、いるのかいないのかも分からない、目に見えないちっぽけな存在。でも、この小さな小さな「菌」は、ひとつひとつたしかに生きているし、自然界のなかでじつに重要な働きをしている。

それが、あらゆるものを土に還《かえ》す「腐る」という働きだ。

自然界には、無数の「菌」が生きていて、「菌」の種類もさまざま。ほんの親指の先ほどの空間に、いろんな「菌」たちが、数千万とも数億とも数百億ともいわれる無数の個体をひしめきあわせて棲息している。さまざまな種類の「菌」と競争し、ときには共生し、仲間の菌と協力し、食べたものからエネルギーを得て生命を維持し、繁殖のチャンスをうかがっているのだ。

そのなかには、僕らにパンやワインやビールや日本酒など、人間にとってありがたいものをもたらしてくれる「菌」たちもいる。糖分を二酸化炭素とアルコールに分解する「酵母」、デンプンをブドウ糖に分解（糖化）し、タンパク質をアミノ酸に分解して旨味を出す「麴菌」、アルコールを酢酸に分解する「酢酸菌」、糖類を乳酸に分解する「乳酸菌」などがその代表的な存在だ。これらの「菌」が人間にもたらす恩恵を、「発酵」と呼ぶ。「発酵」とは、「菌」による生命の営みそのものなのだ。

## 「天然菌」と「純粋培養菌」

「タルマーリー」のパンづくりは、「天然菌」との巡りあいによって、大きな変化をとげた。僕らの大事なこの相棒について、「純粋培養菌」と比べながら簡単に紹介したいと思う。

### 違いその1 育つ環境

簡単に言うと、「天然酵母」と人工的に培養された「イースト」の関係が、あらゆる「菌」において当てはまるといえる。その違いは、「菌」が育つ環境の違いを反映している。

「天然菌」は、無数で多様な「菌」たちとの競争・共生のなかで生きている。自分が生きるのに必要なものは自分で確保しないといけない。ライバル菌との競争もある。その環境を生き抜こうとするから、「菌」の生きる力が強くなる。

それに対して「純粋培養菌」は言うなれば温室育ちだ。競争関係にあるライバルもいなければ、生きていくための食べものは、何もしなくても外から与えられる。のうのうと生きていくことができる分だけ、個体としての生命力は弱い。

## 違いその2　多様性

「菌」の多様性があるかどうかも、「天然菌」と「純粋培養菌」の大きな違いだ。

たとえば、酵母に糖分を分解してほしいと思っても、「天然菌」の場合は、酵母以外の多種多様な菌が混入する。乳酸菌が酸味（乳酸）をもたらし、ある菌は旨味や甘味をもたらすかもしれない。「天然菌」でつくるパンの、多様で奥深い香りや食味は、多様な「菌」たちの生命活動から生まれるものなのだ。

一方の「純粋培養菌」は、読んで字のごとく純粋に培養された菌だ。そのなかには、酵母なら酵母しかいないし、酵母のなかでも、ある特定の性質をもつ酵母だけが増殖されている。だから、純粋培養されたイーストを使うと、ただひたすらに糖分を二酸化炭素とアルコールに分解する働きだけをする。それ以外のことにはいっさい目を向けない。

## 違いその3　つきあいの難しさ

違いその2の裏返しで、「純粋培養菌」はみな同じ性質をもつゆえに、管理はラクだ。僕の3軒目の修業先は、スーパーのなかに店をかまえるインストアベーカリーで、冷凍生地を使っていた。メロンパンやクロワッサンのかたちそのままで冷凍されている生地を解凍して置いとくと発酵が始まり、いい具合に膨らむ。……そもそも冷凍しても死なない酵母というのは気味が悪いが、そんなふうに人間の側の都合でいくらでも、コントロールが可能なのだ。

一方われらが「天然菌」は……。とにかく人間の都合はいっさい関係ない。「菌」は「菌」の都合で「発酵」を進めるし、環境や素材が気に入らなければ、「発酵」させずに容赦なく「腐敗」させる。人間が、「菌」の都合にあわせていくしかない。「天然菌」でパンをつくるということは、まさに彼らとともに生きることを選ぶことにほかならないのだ。その代わり、というわけではないけれど、「菌」から教わることの深遠さについてははかりしれない。

## 嵐の前の順風満帆

ここで話は、僕らが、千葉で「田舎のパン屋」になって1年ほど経った２００９年の４月に遡る。

ある晴れたうららかな休日の夕方、ご近所の農家の棚原力《たなはらつとむ》さんが、ある人をつれてきてくださったところから、「タルマーリー」が蛹《さなぎ》から成虫に脱皮するための、「天然菌」に挑戦する嵐のような日々が始まった。

「ワタナベくん、今日は面白い人をつれてきたよ」

その人は、自然食品店で有名な「ナチュラル・ハーモニー」の社長の河名秀郎《かわなひでお》さんだった。当時の僕は、河名さんのことを知らなかったが、かつて河名さんの講演を聴きに行ったことのあるマリがすぐに気がついた。「河名さん、すごい人なんだよ。河名さんに認めてもらえたら、多くの人に『タルマーリー』を知ってもらえるようになるわね」と、小声で、でもとても嬉しそうに、マリが僕の耳元で囁《ささや》いた。

ただ、休日の夕方ということもあって、あいにくパンはすべて売り切れ。すると、何を思ったか、マリが失敗作の「酒種パン」を工房から勝手にもちだしてきて、「これ、食べてみてください」と河名さんに差しだしたのだ。発酵が進みすぎて酸っぱくなって、こんなものを誰かに食べられたら、パン職人としての沽券《こけん》にかかわる。そう思って、「このパンは絶対に人に出しちゃダメだよ」と強く釘を刺しておいたにもかかわらず……。

河名さんが食べる様子を青ざめながら見ていると、河名さんは、「面白いことやってますね。工房見させてくださいよ」と、なんだか上機嫌。恐る恐る工房を案内すると、何が河名さんの心をとらえたのか、「いいですね、うちと一緒にやりましょう、ぜひパンを卸《おろ》してください」と、話が急展開。「近いうちに会社の人間を寄越しますから、詳しいことは彼らと詰めてください」と言い残して去っていく河名さん。僕は狐《きつね》につままれた思いから抜けだすことができないまま、「やった、やった」とひとりはしゃぐマリの横で河名さんを見送っていた。

マリのお腹には、夏に生まれ来るヒカルの生命が宿り、僕ら夫婦の傍《かたわ》らでは、僕とマリの対照的な反応を、3歳半になるモコが、不思議そうに眺めていた。

## 「天然麴菌」ってご存じですか？

数日後、約束どおり、「ナチュラル・ハーモニー」の人たちが店にやってきた。日本酒や味噌、醬油など、生産者と一緒に商品開発をしているという保坂夫妻だ。この保坂夫妻との出会いが、僕らを「天然菌」への挑戦に駆り立てることになる。

挨拶もそこそこに、奥さんの道子さんがいきなり先制パンチを浴びせてきた。

「ワタナべさんは、菌についてどの程度ご存じですか？」

僕は、正直自分の耳を疑った。こっちは天然酵母のパン屋だぞ、「酒種」だって自分でおこしているんだ。並のパン屋は酵母のことしか知らないだろうけど、こちとら乳酸菌や麴菌についても勉強してる。舐めてもらっちゃあ困る。だいたい、生産者に対していきなり失礼だろう。そう思って、苛立つ気持ちを抑えながら、「菌」について知っていることを、これでもか、というまでに披露《ひろう》した。どうだ、恐れいったか！

「いや、ワタナべさん、私がお聞きしたかったのはそういうことじゃなくて……」

道子さんは、顔色ひとつ変えずに、僕の力を込めた説明を一蹴《いっしゅう》した。

「ワタナベさんは、天然麹菌についてはどの程度ご存じですか？」

「テンネンコウジキン？」

初めて聞く言葉に、頭が一瞬真っ白になった。でも、言葉の響きから、この人が何を言わんとしているかは想像がついた。酵母にも、天然酵母と純粋培養されたイーストがあり、乳酸菌にも、天然の乳酸菌と純粋培養されたものがある。だとすれば、麹菌にも、天然のものと純粋培養されたものがあってもおかしくないはずだ。

僕らの店では、市販の麹を使って「酒種」を仕込んでいた。麹というのは、米を麹菌で発酵させたもの。甘酒や味噌の原料としても使われる。発酵された状態で売られているということは、麹菌がどういうものかは分からない。まさか……。

その、まさかだった。僕の動揺を見透かしたのか、目の前にいるパワフルな女性は、息をつく間も惜しむように、「天然麹菌」についてまくし立てはじめた。

市販の麹は、麹菌を純粋培養した「種麹《たねこうじ》」（「もやし」とも言う）で米を発酵させている。その「種麹」をつくっているのが「麹屋」（「もやしや」とも）で、日本全国で10社ほどしかない。日本酒も味噌も醤油も、麹菌を使った醸造の世界では、パンのイースト同様、純粋培養された「種麹」を使うのが当たり前になっている。「天然麹菌」での醸造は、ほとんど絶滅の危機に瀕《ひん》している。道子さんは、麴菌をめぐる現状を、力を込めて語った。

僕は、道子さんのパワーに圧倒されながらも、「天然麴菌」の存在に気づかなかった自分の迂闊《うかつ》さを深く悔やんでいた。店を開いて以来、酵母はもちろん、乳酸菌も「天然菌」にこだわって、だからこそ、「酒種パン」は、ほかの店で食べられない「タルマーリー」の看板商品だと思っていたが、麴菌については完全にノーマーク。なんてことだ……。

そして、道子さんが最後に付け加えた言葉が、僕の職人魂に火を点《つ》けた。

「私は、『天然菌』の商品開発にいろいろ携わっていますが、『天然麴菌』でパンをつくれたら、間違いなく日本初、世界初でしょうね」

世界初？　それならやってやる。何がなんでもやってやる。

「分かりました。意地でも『天然麴菌』で酒種パンをつくってみせますよ」

それがどれだけ困難な道のりかつゆ知らず、ほとんど売り言葉に買い言葉で、僕は「天然麴菌」でのパンづくりに挑むことを決めたのだった。

## 麹菌が育んだ日本の食文化

「麹菌ってカビの一種なの？　う〜、気持ち悪い〜」

麹菌は、高温多湿な東南アジア特有のカビ菌の一種。そのことを知ったマリは、麹菌に対して完全に腰が引けていたが、僕が「天然麹菌」に挑戦することは、快く受け入れてくれた。失敗続きで心配も苦労もたくさんかけたけれど、

「『天然麹菌』に挑みはじめて、イタルは顔つきが変わったっていうか、ものすごくイキイキしはじめたのよね」

と、どっしりかまえて支え続けてくれたのだ。

この、カビの一種である麹菌が、日本の食文化を成り立たせている。味噌も醤油も日本酒も酢（米酢）もみりんも、100分の数ミリほどの胞子状の麹菌のおかげでつくられているのだ。

麹菌を使ってお酒や食品をつくるのは、日本独特の文化だ。日本のほかに麹菌を使った発酵文化はない。だから、天然麹菌でつくったパンが日本初なら、それが同時に

世界初になる（韓国の米のお酒「マッコリ」は、麴菌の仲間の「クモノスカビ」で醸造したもので麴菌ではない）。

そのため、麴菌は日本の「国菌」と言われ、さらには、「糀《こうじ》」という日本独自の漢字もつくられた。「米の花」という字の由来は、麴菌が米に繁殖すると、表面が黄色がかったような緑がかったような鮮やかな色味の花が咲いたようになることからきている。

ここ日本に麴菌がいてくれたからこそ、日本独特の食文化が育まれた。このことが象徴しているように、「菌」は、その土地と切っても切り離せないし、「発酵」とは、その土地の「菌」によって醸されるのが、本来の営みなのだ。

日本の食文化を支える麴菌は、その歴史もじつに古く、奈良時代の文献に、「米麴」をつくっていたことをうかがわせる記述が見られる。米麴にまつわる産業も、今から600年以上も前の室町時代の京都で発達していく。菅原道真《すがわらのみちざね》で知られる北野天満宮には、麴菌を培養した「種麴」を、酒屋に独占的に販売する特権が、室町幕府から認められていた。パンの世界でイーストが当たり前になるより何百年も前に、日本では、麴菌を純粋培養することが当たり前になっていたのだ。

この制度は、室町時代の権力闘争に巻きこまれて廃《すた》れるものの、江戸時代には、各藩の大名に「種麹」の製造・販売を認められた、「麹屋」という商売が成立していく。今、日本全国に10社ほどしかない「麹屋」は、このときから続いているものなのだ。

## パンが膨らまない……

道子さんに啖呵《たんか》を切ったはいいものの、「天然麹菌」から「酒種」をつくる道筋が見えていたわけではない。まずは、勉強あるのみ。

運がいいことに、僕の友人に、「天然麹菌」で日本酒をつくる「寺田本家」（千葉県香取郡）という酒蔵の若旦那、寺田優《まさる》さんがいた。彼に「天然麹菌」の採取と発酵の方法を尋ね、「酒種」を開発するときに勉強した本を引っ張りだしては何度も読み直した。

市販の麹を使って、これまでどおり「酒種パン」をつくり続ける一方で、「麹屋」（もやしや）から「種麹」（もやし）を仕入れて、自分で麹をつくってみる実験を始めた。そして半年かかって、「種麹」からの麹づくりが安定してできるようになった。

そこまでできて、実験を次の段階に進めた。自家採種した「天然麹菌」で味噌をつくる「マルカワみそ」という味噌蔵から、「天然麹」を仕入れて「酒種パン」をつくってみることにした。そしてこの時点で、市販の麹を使った「酒種パン」づくりをやめた。

2010年が明けてすぐに、「天然麹」で仕込んだ「酒種」は、2月半ばにいい具合に発酵してきた。ちょうど、日本酒でいう「寒仕込み」の季節。これは、いいパンができるかもしれないと、期待を胸に「酒種」からパン生地を仕込んでみた。

次の日の深夜、マリとモコとヒカルが寝静まったあと、生地の状態が気になって工房を覗きに行くと、まったく予想だにしない結果が、僕を待ち受けていた。生地は粘り気も弾力も乏しく、でろでろの状態になっていたのだ。どうやら小麦のタンパク質（グルテン）が分解されてしまっているようで、とても膨らむ状態ではない。

何か配合を間違えたのかと思い、次の日も、「天然麹」でつくった「酒種」で生地を仕込んでみたが、結果は変わらず。その後も、水分の量を変えてみたり、発酵の温度を変えてみたり、条件を変えて、何度も何度も試してみるも、やっぱり結果は変わらず。

「なんでだ!?」

あまりのうまくいかなさに、明け方の工房でひとり叫び声をあげることもしばしばだった。

以前なら、当たり前につくれていたパンがつくれない。自分の技術が未熟なのか、知識が足りないのか、打開策が見出せない。情けないのと腹立たしいのと経営の先行きが心配なので、心は大きく乱れた。

「ごめん、今日も酒種は全部欠品でお願い」

「えー、これなら出してもいいんじゃないの」

「ダメっつったらダメなんだって!」

子育ても販売も任せっきりのなか、僕を支えてくれていたマリに、ついついつらく当たってしまう。そんな自分に、イラ立ちはますます募っていく一方だった。

出口が見えないまま、1ヵ月が過ぎ、2ヵ月が過ぎていった。

そんなとき、河名さんを僕らの店につれてきてくれた農家の棚原さんが、そっと手を差し伸べてくれた。

「この米、使ってみてよ。いい米だから、きっとうまくいくと思うんだよね」

米袋には、「自然栽培米」と書いてある。それまで僕らは、「有機栽培米」を使って「酒種」を仕込んでいた。

## 自然栽培と天然菌

「自然栽培」という言葉は、それ以前から知ってはいた。当の棚原さんが「自然栽培」で農業を営んでいたし、僕らは棚原さんから「自然栽培」の小麦を仕入れていた。

でも、僕らはその本当の意味を、恥ずかしいほどまったく分かっていなかった。その意味を棚原さんに尋ねると、こんな話をしてくれた。

「ワタナベくんは、『奇跡のリンゴ』の木村秋則《あきのり》さんのことは知ってるよね?」

「まあ、だいたいのことは……」

木村さんは、NHKのドキュメンタリー番組『プロフェッショナル　仕事の流儀』で取りあげられた有名な農家だ。番組の反響は大きく、後に、『奇跡のリンゴ』というタイトルで本にもなった。

「カンタンに言うと、『自然栽培』はあの世界なんだよね。あの本では、無農薬でリンゴをつくるというところに比重が置かれているけれど、無肥料というのも重要なポイントなんだね」

「どう重要なんですか？」

「木村さんが気づいたように、野山の木や花は、人間が肥料を与えなくても花を咲かせて実をつける。それは、植物を支える土壌に多くの虫や菌類、微生物たちが暮らす豊かな生態系があって、植物はそこで健やかに生きられるからなんだよね。肥料はなくとも、土壌の環境さえ整えれば作物は育つ。外から肥料を与えることなく、作物自身の力で作物が育つようにするのが、『自然栽培』の最大の特徴なんだよ」

「そうするとどうなるんですか？」

「肥料を与えられない作物は、生きるために、土から養分を得ようと必死で根を深く張る。作物自身が、内に秘める生命力を最大限に開花させて、必死で生きようとするんだ。その生命力が、子孫を残すための果実やタネに結晶化する。小麦や米で言えば、生命を次につなげるために、一粒一粒に、ありったけの生命力が注ぎこまれる。

こうして、『自然栽培』の作物に、強い生命力が宿るというふうに、僕たち『自然栽培』の農家は考えるわけだ」

「肥料も農薬も使わないってことは、農家の人は何をするんですか？」

「それは『自然栽培』の話をすると、誰もが抱く疑問だよ。農家の仕事は、土をつくることだ。野山で植物を支える土壌は、水持ちがよく、柔らかくて温かい。そういう土をつくれば、植物は自分の力で〝育つ〟ようになるんだ。この〝育つ〟というところがポイントだな。肥料を与えて〝育てる〟んじゃなくて、〝育つ〟ための土をつくる。場をつくるということ、それが『自然栽培』の最大のポイントなんだな」

「そういうことなんですね」

「『天然菌』の発酵も似てるんじゃないかな。僕はあくまで農家だから、発酵のプロじゃないけどさ。ワタナベくんも前に言ってたよね。菌のために、新建材を使ってない古民家が必要だったんだって。建材に化学物質が使われてると、菌のバランスを壊しちゃうんだって。作物や菌が〝育つ〟ための場を整えるっていうのは、『自然栽培』と『天然菌』で共通しているところだと思うな。だから、『自然栽培』と『天然菌』は相性がいいってことなんだよ、きっと」

棚原さんは、こんな話もしてくれた。かつて、「自然栽培」で野菜をつくっていた畑で、農業大学や農学部の研究者が土壌調査をしたときのこと。最終的な結論は、「ここの土では、養分が足りていないから作物はできるはずがない」というものだった。目の前でニンジンやダイコンが実りをもたらしているというのに、そのギャップは埋められずじまい。科学の目だけで見たら不思議なことかもしれないが、そのギャップにあるものこそが、生命力というものではないかと思う。

## 最高の組みあわせ

2010年5月のある晴れた日、僕は神様にすがるような思いで、棚原さんからいただいた「自然栽培」の米で「酒種」を仕込んだ。春の温もりのなかで、「酒種」は1ヵ月ほどで仕上がった。お酒をつくるには十分な味わいだけれど、果たしてパンになるかどうか……。これでダメなら、店を畳むしかない——。祈る思いで「酒種パン」の生地を仕込んだ。

運命の翌日——。

小麦たちは、まるでそれまでの振る舞いがウソのように、「酒種」の酵母が吐きだす二酸化炭素を、やさしくしっかりと受け止めて、柔らかくふっくらと生地を膨らませていた。

パンを焼きあげると、そのハーモニーはさらに輝きを増していく。酒種でつくるパンのひとつ、「和食パン」は、焼き型から生地がこぼれ落ちるほど、ふわっふわに膨れ上がっていた。

「すごい……」

それを見た僕とマリはしばらく、言葉を発することができなかった。

その結果が、すべてを物語っていた。市販の麴で「酒種」を仕込んだときには見たことのない、まるで生地自体が生きているかのような爆発的な膨らみだった。

僕には、「天然菌」と「自然栽培」の作物が、手を取りあって喜んでいるように見えた。どちらも、「内なる生命の力」を花開かせることに長《た》けているから相性抜群。

「発酵」の過程で、「菌」と作物の生命力が、お互いがお互いを刺激しあい、足し算ではなく掛け算になって、大きく強くなっている。そうでもなければ、この圧倒的な差を説明できない。「天然菌」と「自然栽培」は最高の組みあわせだ。僕とマリもなかなかいいコンビだと思っていたけど、このコンビも相当すごい。僕は、この技術を極めて、最高のパンをつくってやる。

「天然麴菌」でパンづくりに挑んだ苦難の日々は、度重《たび》なる失敗と数々の試行錯誤の末に、僕らに最高の武器をもたらしてくれることになったのだ。

## 「発酵」と「腐敗」を分かつもの

それからも、僕はいろいろと実験を繰り返した。「自然栽培米」で「酒種」を仕込む技術を安定させる必要があったのだ。その一方でもしかしたら、「有機栽培米」でも、やり方次第でいい「酒種パン」をつくれるかもしれない（一括して仕入れた米がまだ残っていたから、技術でカバーする可能性を探りたかった）。「有機栽培米」と「自然栽培米」で「酒種」を同時に仕込み、試行錯誤を繰り返していた。

すると、それまで気づかなかったもうひとつの大きな違いが見えてきた。

「酒種」づくりには、乳酸菌の働きによって乳酸を発生させる「乳酸発酵」という工程がある。場を酸性に傾けて、雑菌の繁殖を防ぐのだ。酒造りの現場では、あらかじめつくられた乳酸を添加することが多いようだが、空気中の「天然乳酸菌」が米に降りてくるのを待つのが「タルマーリー」流。この工程で、「有機栽培米」と「自然栽培米」には大きな違いがあったのだ。

「有機栽培米」を使っているときは、この「乳酸発酵」の工程で、米が悪臭を放って「腐敗」することがよくあった。どうにか「腐敗」を免《まぬか》れて、一応は「発酵」したかなと思える場合でも、強烈な堆肥臭がつねにつきまとっていた。ボットン便所のにおいと言えば想像がつくだろうか。鼻をつまみながらではないと作業ができないほどのにおいだったが、日本酒の本を読むと、この「乳酸発酵」させたものを「菩提酛《ぼだいもと》」とか「くされ酛《もと》」と呼ぶと書いてある。しかも、「くされ酛」という名は、強烈に臭《くさ》いからだとも書いてある。そりゃあにおうのは当たり前だよねと、端《はな》から思いこんでいたのだ。

それが、「自然栽培米」では、この工程で米が「腐敗」することも、堆肥臭を放つこともなかった。いつも見事に「乳酸発酵」してくれる。そこから香ってくるのは、甘酸っぱいヨーグルトのような爽《さわ》やかな匂い。鼻をつまむ必要なんて、まったくない。

「天然乳酸菌」は、「有機栽培米」を「腐敗」させ、「自然栽培米」を「発酵」させる。

「天然麹菌」と「有機栽培米」の組みあわせではパン生地はできないけれど、「自然栽培米」と組みあわせれば、見事なパン生地ができあがる。

この、「有機栽培米」と「自然栽培米」の違いは何を意味するのだろうか？

## 「菌の見えざる手」

「菌」が、その答えを教えてくれた。

自分の内なる力で育ち、強い生命力を備えた作物は「発酵」へと向かう。生命力の強いものは、「菌」によって分解される過程でも生命力を保ち、その状態でも生命を育む力を残している。だから、食べものとしても適している。

反対に、外から肥料を与えられて無理やり肥え太らされた生命力の乏しいものは「腐敗」へと向かう。生命力の弱いものは、「菌」の分解の過程で生命力を失っていく。だから、食べものとしてはあまり適していない。

僕らの仕入れた「有機栽培米」は、大量の動物性堆肥（タンパク質）を施されていた。それで栄養過多のメタボになり、生命の力が弱まっていたのだ。自然の野山には、大量の動物性堆肥など存在しない。作物にタンパク質が含まれているという異常事態を、「天然麹菌」が察知した。おかしいからとっとと分解して土に還してしまえと、自然のバランスが崩れた状態を解消するために、「天然麹菌」がタンパク質を一気に分解しにかかり、そのせいで、小麦に含まれるタンパク質（グルテン）までもが分解されて、パンが膨らまなくなってしまったということだ。

「天然菌」は、作物の生命力の強さを見極めている。リトマス試験紙のように、生命の営みに沿った食べものを選《よ》り分けて、自分の力で逞《たくま》しく生きているものだけを「発酵」させ、生きる力のないものを「腐敗」させる。ある意味で「腐敗」とは、生命にとって不要なもの、あるいは不純なものを浄化するプロセスではないかと思うのだ。

これは、映画『風の谷のナウシカ』（宮崎駿《はやお》監督）の「腐海」のイメージに重なる。「腐海」は、人間にとって有害な瘴気《しょうき》を出し、汚れた土を浄化して、自然界のバランスを取り戻そうとしている。おそらく、それと同じことが、「腐敗」という作用のなかで起きていると思うのだ。

強烈な悪臭を放ちながら「腐敗」し、パン生地をでろでろにしてしまう「有機栽培米」。

爽やかな香りを漂わせながら「発酵」し、パン生地を見事に膨らませる「自然栽培米」。

その違いは、生命の営みにどれだけかなっているかどうか、ということなのだ。

人間の都合は、「菌」には関係ない。人間が多くの稼ぎを得るために、作物を少しでも早くたくさん育てようとして大量の肥料を投入すると、見かけの収穫量は増えても、作物の生命力を弱めることになる。「菌」はそういう人間の愚かな行為を見逃さない。そういうものはいち早く「腐敗」させて自然に還そうとする。

人間は、「菌」を欺《あざむ》けない。「菌」は、土壌や作物の状態を包み隠さず明らかにしてしまう。「自然栽培」の作物であっても、田畑で過去に動物性堆肥が使われていたとすると、作物に混入するタンパク質で、それを察知してしまう。「菌」にとって重要なのは、製法のラベルなどではなく、その作物が、自然の営みに沿っているかどうかだけなのだ。

「菌の見えざる手」に委《ゆだ》ねれば、答えはおのずから見えてくる。すべては「菌」の御《み》心《こころ》のままに──。

## 菌が喜びそうなこと

「自然栽培米」という最高の伴侶《はんりょ》を得て、パンが膨らまなくなっていた試練を乗り越えたのは、開業3年目を歩みはじめた2010年5月のこと。折しも、梅雨が目前に迫っていた。高温多湿を好む麹菌が繁殖しやすい環境。そこで、僕は満を持して、「天然麹菌」を自家採種して、「酒種パン」をつくることに挑みはじめる。

まず試したのは、農家の人が「はんぺん」と呼ぶ菌で「米麹」をつくることだ。家のすぐ裏手には竹やぶが鬱蒼《うっそう》と生えていて、その土の表面に、粘り気のある白いカビのような「はんぺん」がびっしりと繁殖していた。

それで「米麹」ができる根拠などいっさいなかったけれど、あえて言うなら、直感が根拠だった。麹菌もカビの一種だから、何か取っ掛かりになりそうだと思っただけだ。

鎌倉時代や室町時代の人たちは、顕微鏡もなければ、発酵学も知らないのに、麴菌や酵母、乳酸菌の力を借りて、お酒を醸していた。昔の人にできて、今の僕たちにできないわけがない。それができなくなっているとすると、それは、人間の感性が衰え、人間が退化してしまっているということだ。

「父ちゃん、頑張れよ〜」

マリもさすがにその頃は、麴菌が僕らのパンづくりに欠かせない相棒だと理解していたものの、彼らと触れあうのは、あくまでも僕の仕事。生まれて間もないヒカルをおぶい、竹やぶに入っていく僕を、モコの手を引き、マリは笑顔で送りだしてくれた。

蒸した米に「はんぺん」をつけてみると、なんと早速、「麴（糀）」の花のようなものが咲いた。あれ、いきなりうまくいくの？ とやや拍子抜けしつつ、それで「酒種」を仕込んでみると、これまた「酒種」らしきものができあがった。ところが、軽く舐めてみると、どうにも酸っぱい。ちゃんとした麴菌なら、米のデンプンを糖化して甘味が増すはずだし、これだけ酸っぱいと、糖分を食べて生きる酵母には棲みにくい環境に違いない。ということで、まずこの方法はダメ、との結論に。

ほかにもいろいろな方法を試した。稲穂につくという「稲麴《いなこうじ》」をとってきて蒸し米につけてみたり、マッコリという米でつくる韓国のお酒の製法を調べて、米糠《こめぬか》を丸めてそこに空中の菌が繁殖するのを待ってみたり……。どれも、「米麴」のようなものはでき、そこから「酒種」らしきものはできても、パンをつくるには今ひとつ。糖化力が弱かったり、タンパク質の分解力が強すぎて、小麦のタンパク質を分解してしまったり……。

八方塞《はっぽうふさ》がりになりそうなところで保坂夫妻に相談すると、こんなアドバイスをもらった。

「とにかく、菌が喜びそうなことをするしかないですね。自然の環境に極力近づけることです。容器にプラスチックを使うのだってよくないかもしれないですよ」

そのとき、米を入れる容器には、プラスチック製のものを使っていた。なるほど。菌がこの世に生まれたときには、プラスチックなるものはこの世界になかったはずだ。菌にとっては居心地の悪い環境なのかもしれない。

そこで思いついたのが、裏手の竹やぶだった。竹は自然界にもともとあるものだし、竹には雑菌の繁殖を抑える作用もあると、聞いたことがある。寿司に笹の葉を敷くのも抗菌作用があるからだと。

竹を一本切ってきて、一節《ひとふし》分の長さに切り分ける。半分に割って竹製容器をつくって、その容器のなかに、蒸し米をそのまま入れて置いてみる。

気になって、夜中に覗きに来てみると、竹の容器から、プッ、プッという音が聞こえてくる。その音が、竹の容器のなかで微《かす》かに反響して、カーン、カーンという音も重なって聞こえた。

菌が喜んでいる――。

その音で、僕はそう直感した。

数日その状態にしておいたあとの菌の繁殖ぶりは、それまでがウソのような賑《にぎ》わいを見せた。緑、黒、黄、赤など、色とりどりのカビのような菌がびっしりと米の表面を覆いはじめたのだ。

それまでは必死になって、菌を外に探しに行っていた。だけど、自然の力に任せるのなら、空気中の菌が降りてくる〝場〟をつくって待つことが何よりも大切なんだ――。

発想が大きく切り替わった瞬間だった。

## 「借菌《しゃっきん》」しない、「菌本位制」のパンづくり

そのあと僕が、体を張って麴菌を舐め分けたことは、この章の冒頭で見たとおり。僕の体の反応を頼りに選び抜いた緑色の菌で、試しに「酒種」を仕込んでみると、予想以上にうまくいった。「酒種パン」も、改良の余地はあったけれど、十分に焼き上がった。この菌で間違いない。そう確信をもって、試行錯誤を繰り返しながら改良を加えること数ヵ月、2010年の暮れに、ようやくパンらしいパンができあがった。保坂夫妻の道子さんに啖呵を切って、「天然麴菌」に挑みはじめて、1年8ヵ月の時間が経っていた。

ただ、苦労の末に辿《たど》り着いた自家採種の「天然麴菌」でつくる「酒種パン」も、もうひとつ、味に納得できないところがあった。味わいに奥行きがないというか、雑味があるというか、引っかかる何かがあったのだ。

「これ以上を追求するなら、あとは水を替えるしかないですね」

道子さんが発したそのひとことを、その場では笑って受け流したものの、僕の耳に

はずっとこびりついていた。それからほんの数ヵ月後に、東日本大震災が起きた。詳しくはこのあとに記すが、悩みに悩んだ末に、水を手がかりに勝山に移転することを決めた。「菌」の声に導かれての決断だった。

今も、問題に直面したときは、ただひたすら「菌」の声に耳を傾ける。この場所に棲む「菌」の声をただじっと聴く。「菌」たちはとても小さく、声も小さければ、口数も少ない。「菌」たちが微かに発するわずかな声は、感覚を研ぎ澄まさなければ聴こえてこない。

そうしてつかんだ「菌」の言葉に、人間の側から寄り添っていくのが、僕らのパンづくりだ。「菌」が棲みやすいように工房の環境を整える、「菌」が求めている素材を探す。外から純粋培養菌を足してその助けを借りることなくパンをつくる。ともに暮らす「菌」たちとともに、試行錯誤を繰り返して、「菌」が求めるパンをつくる、「借菌しない」パン屋。

この、「菌」を中心に据えた僕らのパンづくりを、僕らは、「金本位制」ならぬ「菌本位制」のパンづくりと名づけている。それは、自然の声を聴く、自然本位のパンづくり、「菌」の心のままに、「菌の見えざる手」に従うパンづくりでもある。

## 潜在能力を引きだす「引き算」の力

「借菌しない」パンづくりとつながるのが、砂糖もバターも牛乳も卵も使わない「引き算のパンづくり」だ。

これらの副材料は、「普通の」パン屋では使うのが「常識」とされている。生地をしっとり、ふんわり、柔らかくしたり、風味や香りも豊かにしたり、生地の老化を防いだり、生地を扱いやすくしたりするために使われる。

分かりやすいのが砂糖だ。砂糖は酵母の栄養源、人間の世界でたとえるなら、滋養《じよう》強壮《きょうそう》の栄養ドリンクのようなもの。酵母は、糖分があれば元気になるので、素材の良し悪しに関係なく、発酵を活性化することができる。つまり、純粋培養した発酵力の強いイーストを使い、そこに砂糖を加え、発酵促進剤（発酵を活性化させる添加物）も加えるというのは、酵母を、ドーピングをしたランナーのように、目を血走らせながら全力疾走させているようなものなのだ。

どう考えても、生命にやさしい感じはしない。

こういうパンづくりが「常識」になるのは、発想が「足し算」だから。天然の酵母だと発酵が安定しないから、強い発酵力をもったイーストを開発する。「借菌」する。それでもまだ発酵力が足りないと思えば砂糖で栄養をたっぷり与え、しまいには、発酵促進剤でドーピングさせればいい。

そんなことをしなくても、米や小麦は、十分な甘味のもと（デンプン）を含んでいる。その潜在能力を引きだすのが、砂糖を「引き算」することなのだ。

そこで活躍するのが、デンプンを糖化する麴菌。ほかにも、麦芽がもっているデンプン糖化酵素を活用したり、熱湯で全粒粉を捏ねて小麦のデンプンを分解したり、あの手この手を使い分け、組みあわせて、米や小麦のもっている甘味の潜在能力を引きだしている。

潜在能力を引きだすことの大切さを、僕が好きなマンガ『北斗の拳』の主人公・ケンシロウが、こんなふうに語っている。「普通の人間は自分の潜在能力の30％しか使うことができんが北斗神拳は残りの70％を使うことに極意がある」と。

パンづくりも、技術と感性を磨いていくと、素材の潜在能力を十分に引きだすことができるようになるのだ。

## 同じ土地で育つ「菌」と「素材」

勝山の地で、この「借菌しない」パンづくりを追求していると、この考え方は、「菌」と「素材」の関係においても当てはまると思うようになった。「菌」と「素材」は、同じ「土」と「水」と「空気」で育ったものがいい。同じ土地で育った「菌」と「素材」は、発酵に無理がないというか、まろ味が生じて柔らかくなる。

その感覚に共鳴してくれるのが、勝山からほど近い蒜山《ひるぜん》で「イル・リコッタ－ロ」というイタリアン・レストランを営む、まだ20代という若さの竹内雄一郎くんだ。大学で畜産を学び、蒜山高原で羊と山羊《やぎ》を飼い、天然乳酸菌を取り入れてチーズをつくり、天然酵母でパンやピザまでつくってしまう強者《つわもの》だ。イタリアでの修業経験もある。

竹内くんは、開店早々、勝山の僕らの店に遊びに来てくれた。同じ発酵に携わるつくり手として、僕らのことを気にかけてくれていたのだ。

そのとき、僕らは「天然菌」の話をした。酵母だけでなく、麹菌も乳酸菌もすべて天然の菌でパンをつくっていると。その話に、竹内くんは興味を示してくれて、「イタリアでもチーズは自然発酵が当たり前だった」という話で盛り上がった。

当初は、純粋培養された乳酸菌を添加してチーズをつくっていた竹内くんだが、僕らがリコッターロのお店に遊びに行ったときは、天然乳酸菌で発酵させたチーズを振る舞ってくれた。「菌を活かすと、味わいが出てきますね」と。まだ試作の段階と言うが、「菌本位制」の仲間が増えて、僕はとても嬉しくなった。

その彼が、「菌と乳は、同じ土地のもののほうが、発酵が柔らかくなりますよね」とさらりと言ってのける。聞けば、そのとき飼っている羊と山羊のお乳の出が悪くて、市販の牛乳でチーズをつくっていたという。「ミルクの力が弱いのか、発酵しなかったり、風味が出なかったりするるんです」と。

要するに、「菌」も「素材」も、外から借りてきたものではなく、「借菌」も「借材」もせずに、そこにある、地産のものどうしが絶妙の組みあわせだということ。

だから僕らの店では、原材料は、できるだけ近くから仕入れるようにしている。まず、地元（勝山周辺）に生産者がいないかを調べて、地元でいい生産者が見つからなければ、岡山県で生産者を探し、それでも見つからなければ中国地方、それもダメなら西日本、日本全域、というように、少しずつ生産者を探す範囲を広げる。そしてこのことは、「田舎のパン屋」が見つけた「腐る経済」の柱のひとつである「循環」の話へとつながってゆく。

## 「菌」が見つめる「腐らない」経済

「菌本位制」の日々を生きていると、ふと、「菌」たちはこの「腐らない経済」がはびこる世界をどう思っているのだろう、と考えることがある。

おカネという名の肥料を大量に投入して、経済をぶくぶく肥らせる。中身がなんであろうが、「利潤」が増えればいい、ＧＤＰ（国内総生産）の数字が大きくなればいい、株価が上がればいい。「メタボな経済」は、いずれバブルを生み、それが弾けると、恐慌（大不況）が引き起こされる。バブル崩壊はある意味で、肥りすぎておかしくなった経済のバランスを取り戻す自浄作用なのだ。

ところが、「腐らない」現代の資本主義経済は、恐慌もバブル崩壊も許容しようとしない。財政出動（赤字国債）や金融政策（ゼロ金利政策・量的緩和）で、おカネという名の肥料を大量にバラ撒いて、どこまでも経済を肥らせ続けようとする。

一方で食の世界では、肥料の大量投入で生命力の弱い作物をつくり出し、それを「腐敗させない」ために、強力な純粋培養菌を開発して外から「菌」をつぎ込み（「借菌」）、さらに添加物を使い、食べものを「腐らない」ようにする。

「借菌」も「借金」も構造は同じ。

「借菌」が「腐らない」食べものを生み、「借金」が「腐らない」経済を生む。自然の営みから、大きく外れた不自然な悪循環。

菌たちがこの状況を見ていたら、「人間はいったい何をやっているんだ？」と思うはず。

「人間みたいに細胞が37兆個もあると、自分が生命体であることが分からなくなっちまうんじゃないか？」

人間の愚かさを不思議そうに見つめる、「菌」たちのそんな囁きが聞こえてくる気がする。

# 第三章　「田舎」への道のり（循環）

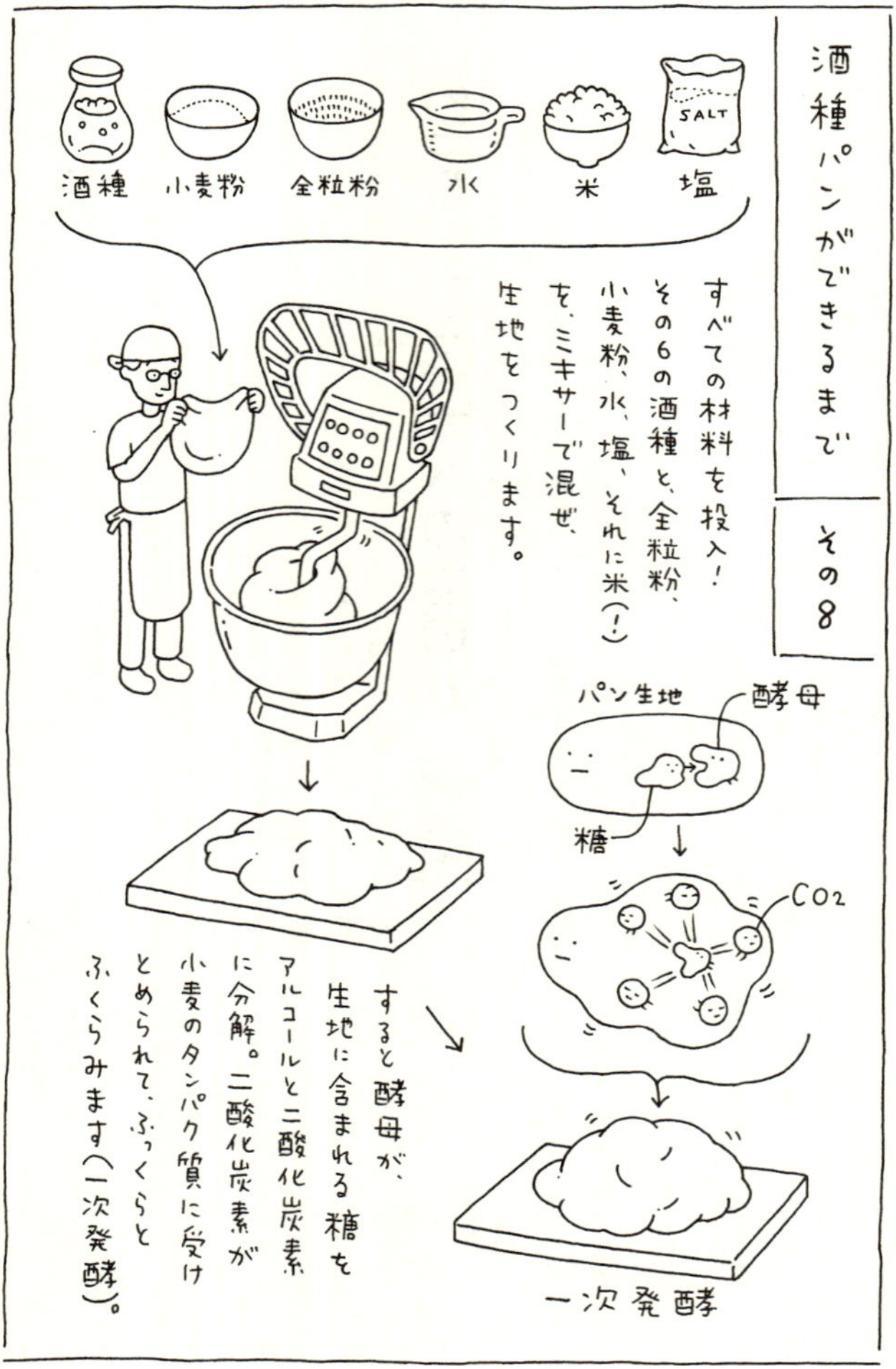

酒種パンができるまで
その8
酒種
小麦粉
全粒粉
水
米
塩
SALT
すべての材料を投入！
その6の酒種と、全粒粉、
小麦粉、水、塩、それに米(！)
を、ミキサーで混ぜ、
生地をつくります。
パン生地
酵母
糖
$CO_2$
一次発酵
すると酵母が、
生地に含まれる糖を
アルコールと二酸化炭素
に分解。二酸化炭素が
小麦のタンパク質に受け
とめられて、ふっくらと
ふくらみます（一次発酵）。

## 「菌」に導かれて、辿り着いた

ここは……江戸時代？

初めてこの町にやってきたとき、僕はそんな錯覚に陥った。通りには、白壁と土蔵造りの町家《まちや》がズラッと数百メートルも向かいあって建ち並んでいる。こんな町並み見たことない。全身に鳥肌が立った。

千葉からの移転先を探して、僕はマリやふたりの子どもより一足先に、勝山の町にやってきた。いい水があり、発酵・醸造の文化があり、古民家がある。そして、職人のつくる文化が息づいている町――。人のツテを頼り、そんな町を探して辿り着いたのが、ここ勝山だった。

こんな町で暮らせたら素敵だろうな……。

それは、ほんの淡い願望のつもりだった。

僕が最初につながったこの町の人は、郷土の伝統工芸、「勝山竹細工」の職人である平松幸夫さん。職人と竹細工というところが、僕の心に芽生えていた願望を、さらに強くした。千葉で天然麴菌の採取に成功したひとつの決め手が、竹製の容器だったからだ。

つくり手がいて、竹の文化がある。最高じゃないか。

平松さんから紹介していただいたのが、「ひのき草木染織工房」を営む加納容子さん。草木染めと織物の職人にして、勝山のまちづくりのリーダー的存在でもある。またしても、職人さんだ。町家の軒先にかかる暖簾《のれん》は、すべて加納さんの手になるものとのこと。願望は、少しずつ確信へと変わりはじめていた。

加納さんと話をした。勝山の町並みにすっかり魅せられたこと、職人の文化が今も息づいていることに感動したこと、そして僕がこれまで天然菌にこだわって千葉でパンをつくってきたこと、水を求めて移住先を探していること……。ここで暮らしたい、パンをつくりたいという思いがとめどなくあふれ、初対面なのに思わず熱く語ってしまったのを覚えている。

「あら、この町並みには、昔、造り酒屋や味噌蔵、醬油蔵が建ち並んでいたのよ。今もこの先に、『御前酒《ごぜんしゅ》』っていうお酒をつくっている造り酒屋があるわ。200年を超える歴史があるのよ。話を聞きに行ってみるといいわ」

なんと、発酵・醸造の文化まで、この町にはあった。そして、そのうちの1軒は今も営業を続けている。200年もの歴史があるということは、昔からいい水が得られていたということに違いない。このとき僕は、ほとんどもうここに暮らすことに決めていた。

「御前酒」の蔵元「辻本店」さんに話を聞いて、また驚いた。ここでは、僕らの「酒種」づくりと同じく、手づくりの「乳酸発酵」で「菩提酛《ぼだいもと》」をつくっているというのだ。醸造の近代化・合理化にともない、「乳酸発酵」の過程を省略して、出来合いの乳酸を添加する酒造りが主流のなか、昔ながらの製法を守っている。

あとは、ここの水を飲んでみて、ここで住まいを借りられるかどうかだけだ。その思いを加納さんにぶつけると、加納さんは、僕らがここで暮らせるように手を尽くしてくれた。

そうして僕らがめぐりあった物件は、築100年を超す古民家だった。そこはかつて米を粉に挽く粉屋さんで、家の裏手には粉を挽くための水車の一部と水路が残されていた。僕らは、千葉にいる頃から小麦の一部を自家製粉していて、将来は小麦の全量を自家製粉する計画を思い描いていた。その僕らが、もと粉屋だった古民家に辿り着くとは……。

ああ、僕はきっと「菌」に呼ばれて、今この場所にいるんだ……。そう思わずにはいられなかった。

あとはほんとうに水だけ。

そして、なんとこの地には、期待していた以上の素晴らしい水が湧き出ていたのだ。

## 歴史を生きる勝山の町

水の話の前に、もう少し、この素晴らしき勝山の町をご紹介したい。

この町の歴史は、江戸時代よりももっと昔に遡《さかのぼ》ることができる。

勝山はもともと、出雲《いずも》（島根県）と姫路（兵庫県）をつなぐ出雲街道の要衝《ようしょう》だった。

砂鉄を産する出雲では、古代から豊富な山材を利用して炭をつくり、鞴《ふいご》を使って強力な火をおこす踏鞴《たたら》製鉄がさかんだった（映画『もののけ姫』の舞台モデル）。出雲街道は、生産した鉄を出雲から大和《やまと》（奈良県）へ運ぶ「鉄の道」で、中世には、後鳥羽《ごとば》上皇（平安時代の終わりから鎌倉時代の半ば）や後醍醐天皇《ごだいご》（鎌倉時代の終わりから南北朝時代）が隠岐島《おきのしま》へ流されたときに通った道でもある。江戸時代になると、参勤交代や物資の輸送、出雲大社へお参りする信仰の道としても賑わって、勝山は、出雲街道の宿場町として栄えていた。

そこに変化が起きたのは江戸時代も中頃。三河（愛知県）から三浦というお殿様が幕府の命《めい》によって移封《いほう》されて、勝山藩をつくり、それから城下町としての役割も担うようになった。

僕らの店は、この出雲街道の一角にあり、僕が江戸時代と錯覚した町並みは、やはりほんとうに、その当時につくられたもののようだ。文豪の谷崎潤一郎が、第2次世界大戦の戦禍を避けて疎開し、『細雪《ささめゆき》』の一部を執筆した場所でもあり、『男はつらいよ』シリーズの最終話（第48話）のロケ現場にもなっている。

勝山は、岡山市街からクルマで高速道路を経由して2時間弱ほど、電車だと、岡山駅から電車を乗り継いで2時間以上。そのせいか、町には大きな産業がなく、こんなに素晴らしい魅力たっぷりの場所なのに、毎年人口が減り続けている。

## パンを変えた水の力

「どう、ここの水？」

「んー、身体にするする入ってくる感じ。身体中の細胞が喜んでるのが分かる」

マリが目を輝かせて答える。

「どう、モコとヒカルは？　美味《おい》しい？」

「甘くて美味しい〜」

嬉しそうに水を飲むモコとヒカルの満面の笑みを見て、僕とマリは、ここ勝山を第二の創業の地にしようと決意を固めた。

僕らの心を動かした水は、勝山からクルマで北へ50分ほど、鳥取との県境もほど近い蒜山の地にある。標高1000メートル級の蒜山三座《ひるぜんさんざ》（上蒜山・中蒜山・下蒜山）がそびえ、中腹には、高原レジャーで有名な蒜山高原があり、夏場を中心に年間250万人の観光客が訪れる。自然の恵みを活かして、米づくりや野菜づくり、酪農も盛んだ。

山があるところは水も豊か。蒜山のあちこちで水が湧き出ている。蒜山三座のひとつ、中蒜山の裾の谷間から湧き出る「塩釜《しおがま》の冷泉《れいせん》」も、そのひとつ。山が長い時間をかけて濾過《ろか》してくれた湧き水は、今では僕らのパンづくりにも欠かせない。2週に1度か2度、クルマを走らせ、水を汲《く》みに来ることが、パンをつくる工程のなかにしっかりと組みこまれている。

蒜山の草木が芽吹きはじめる春の日も、緑が深まる夏の日も、紅葉に染まる秋の日も、あたりが深い雪に包まれる冬の日も、自然の恵みたっぷりの水は、いつも涸《か》れることなく、勢いよく湧き出ている。

水温は、四季を問わず11度。キリッと冷たい水を口に含むと、柔らかく軽やかで甘い味わいがのどをするする通り抜け、体の細胞ひとつひとつに染み渡っていく。僕らは、雄大な自然が育んでくれた生命の水を、ちょっとばかりお裾分けさせてもらって、パンをつくっているのだ（源泉からの直接取水は禁止されているが、水汲み場からであれば、水取りできる）。

水を替え、僕らのパンも変わった。発酵が柔らかくなり、味にもまろ味というか伸びというか奥行きが出てきた。それはきっと、僕たち人間がこの水を喜んで受け入れる感覚を味わったように、「菌」や作物の細胞も、この水を生きるエネルギーに変えているから。それが、パンにも力となってあらわれているのだ。

山があり、水があるとくれば……そう、温泉。勝山から蒜山にかけての一帯には、源泉かけ流し、正真正銘の天然温泉がいくつもある。じつはこれも、僕らがこの地を選ぶ決め手になったポイントのひとつ。パンづくりで疲れた身体も、仕事がうまくいかず落ちこむ心も、温泉が芯からほぐしてくれる。200円程度の入湯料を払うところが多いけど、なかには無料で入れる温泉もある。全国露天風呂番付の西の横綱、湯《ゆ》原《ばら》温泉の「砂湯《すなゆ》」もそうだ。こんな贅沢《ぜいたく》は、都会ではなかなか味わえない。

## ふたりの人生がひとつになった

「私さ、田舎でカフェを開くのが夢なんだ。自分で田畑を耕して、そこで採れた食材で料理をつくってお店で出すの。田舎で〝農〟のあるカフェをやりたいなあって思ってるんだ」

「えっ、ほんと？　オレも田舎に住んで店やりたいって思ってるんだよね。店のウラで野菜つくってさ。やるならバーかなって感じだけど。オレ、飲むの好きだから」

「あ、それいいね。私もお酒飲むの好きなんだ。田舎って飲めるところ少なそうだし」

僕らが「田舎のパン屋」になるよりもずっと前、僕とマリが有機野菜の卸会社に入ってまだ間もない2001年5月のこと。僕らは、研修で熊本の農家を訪ねた帰りの何気ない会話をきっかけに、「田舎で店をもつ」という共通の目標に向かって歩みはじめることとなる。

社員20人にも満たない小さな会社に新人がふたり。お互いの存在を意識しつつも距離感を測りかね、探りあうような日々が続いていた。マリの頭のなかでは、「何この人!? 新卒なのになんで老《ふ》けてんの？」という疑問が渦巻いていただろう。

そんなぎこちなさを抱えた僕らだったが、熊本空港で東京便を待つあいだ、手持ち無沙汰《ぶさた》が幸いして、「農」や「食」への思い入れや、お互いの将来の夢を語りあうようになっていた。互いの心を開いてみれば、同じ夢を抱いていることが分かった。

旅の道連れを得たことで、「田舎」は、僕らふたりにとって、「いつか住みたい」願望の対象から、目指すべき目的地へと変わっていった。ふたりの夢が重なりあって大きくなり、夢の輪郭がくっきりとかたちを帯びたものへと変わりはじめていったのだ。

## イケてない青春

僕は、東京郊外の多摩地区にある公団住宅で少年時代を過ごした。１９７０年代、１９８０年代の多摩地区は、「田舎」でも「都会」でもない、むしろ自然のない「田舎」とでも言うべきか……。あったものと言えばパチンコ屋ぐらいしか思いだせないほどのなんとも冴《さ》えない場所だった。そんなところで育った僕が、「田舎」を目指すことになったのは、紆余曲折《うよきょくせつ》を重ねてのことだ。

けれども今から思えば、10代、20代の、永遠に続くかと思われた不毛すぎる時間があったからこそ、僕は「田舎」を目指すようになり、その後パンに人生を賭けようと思い切ることができた。だから僕のイケていない昔話に、しばしおつきあいをお願いしたい。

当時のワタナベ家は、父の世渡り下手《べた》のおかげで貧しい暮らしを送っていた。

高度成長期の日本の首都・東京の貪欲《どんよく》な求人需要に引き寄せられてサラリーマンとなった人々が、多摩など東京郊外にささやかな家庭を築いて、そこそこの幸せをつかんでいた。でも、僕たち子どもから見るとみんなどこかウダツの上がらない毎日を送っているように見えた。まわりにカッコいい大人はひとりもいなかった。僕もこのままここで大人になって、パッとしない人生を送りやがて老いて死んでゆく、と思うと気がふさがるばかりだが、かといって、たまに遊びに行く「都心」は眩《まぶ》しくて、自分が将来そこで華々しく活躍できる場所とはとうてい思えない。

高校1年の頃までは、まわりの大人のように多摩で暮らし続ける自分の未来を受け入れざるをえないと思っていた。

高校2年のとき、小学生の頃から一生懸命やっていたサッカーが、急にどうでもよくなった。こんなことを続けたって人生なんのトクにもなりゃしないと部活を辞め、もて余した時間を埋めるように、バイトとバンドとバイクにのめりこみはじめた。ベタな青春映画の主人公のように、刹那《せつな》的な喜びを求めて夜な夜な遊び歩く毎日。

そんな日々のなにがそんなに楽しかったのか——。バイトでおカネをもらえるのが、ちょっとした快感だった。人から言われたとおりのことさえやっていれば、おカネを手にして好きなものを買える。次第にバイトという手段がまどろっこしくなり、手っ取り早く刺激を得るために、パチンコ遊びに興じるようにもなった。

学校では、先生たちがただ「勉強していい大学に行け」と言うばかり。希望さえ見えない人生なのに、なんのために頑張らなきゃいけないのか。ウソ臭い学校生活のなかで「いい子ちゃん」を演じる同級生も、次第に腹立たしくなっていった。

その鬱憤《うっぷん》を撒き散らすために、学園祭のステージに乱入、大音響を出してゲリライブを敢行したものの、生徒からも白い眼で見られた挙げ句に、無期停学の処分をくらう。停学中、夜中に忍びこんだ近所の昭和記念公園で、警備員に見つかり、逃げる方角を間違えて、自衛隊の敷地に侵入。自動小銃をもった筋骨隆々の自衛官に囲まれて、こっぴどくお説教をくらった。

高校卒業後はフリーター。時代はちょうど、バブルが最高潮を迎える1990年過ぎのこと。引っ越しのアルバイトに行くたびに、日雇いバイト料に加えて、お客さんから数万円単位のご祝儀が振る舞われていた。月に30万〜40万円ぐらいはゆうに稼げたものだから、おカネが欲しいときだけ働いて、あとはだらだらぶらぶら遊んで暮らせばいい。どこかに勤めて毎日あくせく働く暮らしなんて、バカげていると心底思っていた。

と言っても、大した遊びがあるわけではない。夜中にコンビニの駐車場に屯《たむろ》して、うんこ座りして缶コーヒーを飲みながらタバコをふかし、クルマで走り屋ごっこをする。楽しいとは思わないけれど、ほかにすることもない。

そんなどうしようもない日々のあまりの虚しさに、何かを変えるきっかけが欲しいと思っていたら、父がサバティカル（研究休暇）でハンガリーに行くことになった。父は、荒《すさ》みはじめた僕を、頭ごなしに否定するばかり。煙たくて仕方ない存在だったけれど、母から「あんたも知ってのとおり、お父さん世間知らずなんだから、助けてあげて」と頼まれて、「それなら仕方がない」と父についていくことにした。

## ハンガリーで出会った、本物の「食」

父と僕がハンガリーの地に降り立ったのは、1994年の2月。ハンガリーは、そのほんの5年ほど前まで、ソ連（現・ロシア）の息のかかった共産党が支配する共産主義国だった。そのせいか、ハンガリーの経済は明らかに「周回遅れ」で、公務員の月給は2万円。バイトで貯めた20万円をもっていった僕は、リッチな気分を味わうことができた。

経済の発展が遅れていた分だけ、食文化は豊かだった。町のあちこちに、家の空きスペースをそのまま売り場にしたような店があり、農家が自家醸造したワインを樽《たる》に入れて量り売りに来ている。1リットルで何十円という安さだったそのワインの美味しさは忘れられない。

農家に限らず、ごく普通の家庭でも、当たり前のようにワインを自家醸造していた。父の友人の家でも、自家製ワインをたんと振る舞われた。日本では、アルコールを許可なく醸造することは禁じられているけれど、僕は、あのときの感覚があるから、「発酵」というのは、万人に開かれた技術だという感覚がしっくりくる。

けれども、酸化防止剤を使っていないワインは、酢になっていることもしょっちゅう。酢の英語「vinegar」の語源は、フランス語で「ワイン」を意味する「vin」と「酸っぱい」を意味する「aigre」を足しあわせたもの。つまり、「酸っぱいワイン」という意味だ。「アルコール発酵」が進みすぎると、酢酸菌がアルコールを分解して酢に変えるのだ。当時は詳しい仕組みを知っていたわけではなかったが、僕の「発酵」の原体験のひとつになっている。

安くて美味しいワインは、父と僕との関係を取りもつ助けもしてくれた。とはいえ、父を英語もハンガリー語も喋《しゃべ》れない僕が、口をきける相手は父だけ。そこで、ワインの出番。僕と父は、毎晩のようにワインを飲み明かしていた。

上機嫌になったときの父は、よく祖父の話をしていた。「おまえもおじいさんの血を受け継いでいるんだから、志《こころざし》を高くもてよ」とか、「おじいさんが果たせなかった思いを、おまえが受け継ぐんだ」とか。父の言葉には身構える癖がついていた僕も、医師になったものの戦争で死んでしまった祖父の話だけは、いつもすっと心に入ってきた。きっとあの酔い方では、父は覚えていないと思うが、そのおかげで僕は今の僕になれたわけで、人生とは不思議なものだ。

当時のハンガリーは、おそらく添加物や防腐剤と無縁で、あらゆる食材が食材のままの姿で出回っていた。その新鮮で素朴な食べものを、僕の身体は喜んで受け入れた。

父の友人宅に招かれたときは、庭にいるウサギやニワトリを絞めた肉や、ジビエ

（野生）のカモシカの肉を振る舞われたこともある。野山を駆け回っていたであろうカモシカの肉は、噛《か》むごとに、生命の力が口中に広がっていった。食べものは生命なんだ――。そのシンプルすぎる事実に、僕はこのとき初めて気づかされた。

10代後半から、僕の身体はほとんどジャンクフードでできていた。いつも身体がダルいと思っていたのが、驚いたことに、ハンガリー滞在1年でそれがすっかりなくなった。帰国後、コンビニで屯するときのお供だった缶コーヒーを口にしてみたら、茶色い絵の具としか感じられなかったほどに……。

## そして、僕は「田舎」を目指しはじめる

ハンガリーに滞在しはじめて2ヵ月ほど経ったころ、「日本人会」で僕ら父子の歓迎パーティーが開かれた。パーティーでは、自然と同世代どうしが集まって、僕のための自己紹介が始まった。

「私はリスト音楽院で声楽を学んでます」

「私は、ボートのオリンピック代表候補で、強化合宿で今こちらに来てます」

「私はバレリーナ、って言っても、まだまだ未熟ですが」

「僕は青年海外協力隊でハンガリーに派遣されました」

……みんな、僕とはまったく違う世界で生きている。同じ日本語を喋っていても、僕と違いすぎる……。僕がコンプレックスで打ちひしがれていることなどには気づかず、バレリーナの女の子が、上品な口調で、僕に尋ねてきた。

「ワタナベさんは何をしてらっしゃるの？」

「えっと……、何もしてないんですが……」

「何もしてないってどういうこと？ 勉強とか、何かはなさっているんでしょう？」

「いや、ホントに何もしてなくて……。父の研究についてきただけなんで……。強《し》いて言えば、父のボディガード兼お手伝いかな」

「あら、そうなの……」

一挙に、まわりの視線が冷ややかになるのを感じた。周囲のあまりの眩しさと、自分のあまりのなにもなさにうちのめされ、パーティー会場の片隅で、ひとりタバコの煙をくゆらせていると、さっきのバレリーナの子がやってきた。

「タバコって、ヨーロッパでは、ハイ・ソサエティになればなるほど吸わないものなのよ」

その日で、僕はタバコをやめた。あまりにも情けなさすぎる自分を1000分の1ミリでもいいから変えたくて……、やれることからやろうと決めたのだ。そうしなければ、あの世で僕は、祖父とあわせる顔がない。でも、何を目指せばいいかが分からない。そのとき思いだしたのが、父の言葉だった。祖父の遺志を継げるかは分からないけれど、僕も医者を目指そう。

そう決意して大学受験のために帰国。けれども、受験勉強にまったくついていけず、1度目の挑戦はあえなく撃沈。中学1年の教科書からやり直して、2年目の挑戦も、本命の医学部はかすりもせず、受かったのは、農学部。ハンガリーで目覚めた「食」への関心から、滑り止めで受けていたのだ。実際問題、医学部は何年かかるか分からない、「食」も面白そうだからまあいいかと納得して、25歳にして大学生活を始めることになった。

父は、「園芸科って、おまえは植木屋にでもなるつもりか」と余計なひとことを発しながらも、父なりに、この出来の悪い息子が、なんとか前に進もうとしはじめたことを喜んでくれているのを感じていた。

こうして進んだ農学部で、僕は「田舎」と遭遇する。

授業の農業研修で、農家の畑を訪ねたときのこと。

広大な畑一面に作付けされた緑の野菜たちと、そのすき間から覗く黒々とした土の色。草と土が混じりあった匂いは鼻の奥に心地よく、作物の葉が風にそよぐ音がやさしく耳に響いてくる……。ああ、世界には、こんな場所があったのか。僕の心に溜まりに溜まっていたコンプレックスを、運び去ってくれるかのような、爽やかな風が吹き抜けていった。

ここでなら僕は、自分らしく自由に生きていけそうな気がする。根拠は何もないけれど、そういう感情が芽生えてきた。誰から言われたわけでもなく、誰のためでもなく、自分の「内」からふつふつと、そういう思いが湧き出てきた。僕が生きてきたなかで初めて、自分の「内」から芽生えてきた前向きな思いだった。

僕は、そのとき決めた。僕は「田舎」で生きていこう。「田舎」で自分の人生を切り開いていこう。ここでなら、きっとそれができる。その日から、「田舎」が僕の目指すべき希望の地となったのだ。

その頃マリは、マリなりの方法で「田舎」を目指していた。「都会」の東京・世田谷で育ったマリだが、子どもの頃から環境問題や食の安全に関心をもち、大学の農学部では環境学を専攻していた。大学在学中に休学して、アメリカとニュージーランドの農家のところへファームステイにも行って、自分の方向性を確認してきた。

目標に向かって計画的に人生を歩んできたしっかり者のマリと、直感と衝動と思いつきで行き当たりばったりの遠回りの人生を歩んできた僕――。性格も歩んできた人生も対照的な僕らは、「田舎で店をもつ」ということだけを共通点に、同じ道を歩みはじめた。

## 試練のあとに転機あり

２００８年２月、僕らが最初に辿り着いた「田舎」は、千葉県南房総のいすみ市。東京からは、クルマや電車でだいたい２時間ほど。田んぼや果樹園が広がる辺鄙《へんぴ》な場所で古民家を借り、夫婦ふたり、２歳半になる娘のモコをつれて「田舎のパン屋」を始め、翌２００９年８月には、息子のヒカルが生まれた。

その後、僕らは「天然菌」と「自然栽培」という最強タッグと遭遇し、「天然麹菌」の自家採種にも成功、「酒種パン」をつくることもできた。すべては順風満帆。……でも、僕には何かが少し物足りなかった。もっといいパンをつくれる気がする……。

「それならあとは、水を替えるしかないですね」という保坂夫妻の言葉が忘れられず、「水を求めて移転するか」などと、マリとのあいだで、ときおり冗談めかして交わすようになっていた。そうして4年目のスタートを切った矢先、思いもかけない事態が起こる。

2011年3月11日の東日本大震災——。

日本中に激震が走ったが、タルマーリーも大きく揺れた。そこに、翌々日からは見えない不安が襲《おそ》いかかる。福島第一原発が制御不能に陥り、炉心溶融（メルトダウン）や水素爆発などが起こり、放射性物質を大気に撒き散らしはじめたのだ。

親として、ふたりの子どもの健康と将来が、とにかく心配だった。たまりかねた僕は、マリに子どもふたりをつれて、西日本に避難することを提案。

「そんなのありえない！　私の両親も東京にいるんだよ。親を捨てて行けるわけないじゃない！　それに、動きたくても動けない人だっているんだし、私たちだけ逃げるなんて……」

泣き叫ぶマリを見て、心が張り裂けそうになった。

「気持ちは分かるけど、モコとヒカルに何か起きたとして、それは覚悟の上でのセリフだよね。オレの親だって東京にいるんだし……」

「…………」

重い沈黙が続いたあと、マリが口を開いた。

「……この子たちは、私たちが守るしかない」

「頼む、そうしてくれ」

マリは、モコとヒカルをつれて、熊本の農家に嫁いだ大学時代の友人のもとに避難。ひとり千葉に残り、店を切り盛りしていたそのときは、まさか3人がもう千葉に戻ってこないとは、想像もしていなかった。

原発事故は一向に収束する様子がない。1ヵ月が経ち、2ヵ月が経ち、このままの状態では、とても3人を呼び戻せない。その目処《めど》が立つ気配すら感じられない。

そんなとき、ふと思いだしたのが、「水」のことだった。先行きが見えない不安に苦しむのなら、先行きが見える場所に移ればいい。最高の「酒種パン」に挑める、最高の水がある場所でパンをつくればいい。

その案に、マリも賛成してくれ、僕らは移転を決意。もちろん、3年間、僕らを支えてくれたお客さんや近所の友人と離れることには大きな葛藤《かっとう》もあった。新しい場所で経営を軌道に乗せられるかどうか、不安もあった。それでも、同じ不安なら、自分で打開していける可能性のあるほうに賭けてみたい。「水」を求めた「菌」の声に、素直に従ってみたい。

「水」を手がかりに移転先を探し、導かれるようにして僕らが辿り着いたのが、中国山地の中腹にある、岡山県北部の真庭市勝山（旧・勝山町）だった。

## 「田舎」でパンをつくる意味

「田舎」は、「都会」と比べて経済的に貧しいという人もいる。たしかに、「都会」のほうが、高い収入を得るには何かと恵まれているけれど、その分、生活費が高く、出ていくおカネも多い。僕は会社員時代、「都会」のど真ん中の新宿で、ワンルームマンションでひとり暮らしをしていて、もらった給料が、あっという間になくなっていく現実にいつも苦しめられていた。

別に贅沢をしていたわけではない。部屋を借り、ごはんを食べ、たまに友だちと飲みに行って……ふつうに生活しているだけで、給料は飛ぶようになくなっていった。憐《あわ》れんだマリがおカネを貸してくれたこともある。僕は営業で、取引先とよく携帯で電話をしていて、その電話代は自腹だった。なんだか、おカネを使わされるために働かされているような、そんな理不尽さを感じていた。そんなサラリーマンの悲哀を、マルクスはこんなふうに表現している。

「労働者が自分の労働賃金を現金でうけとって、工場主による労働者の搾取が終ると、その瞬間に、かれには、他の部分のブルジョア階級がおそいかかる、すなわち、家屋所有者、小売商人、質屋等々が」『共産党宣言』（岩波文庫）

「田舎」は、高収入を得るのは難しくとも、その分、「都会」の理不尽さとは無縁でいられる。

家賃は都会の何分の一かで済むし、何より、必死でおカネを使わせようとする人たちがいないから、場所にもよるけれど、一家で月に15万円もあれば、十分に暮らしが成り立つ。

もちろん、不便さを受け入れる必要はあるが、ありがたいことに、そんな「田舎」にもIT革命の光は十分に届いている。インターネットやソーシャルメディアの発展のおかげで、「田舎」にいながらにして、情報収集や情報発信も思いのまま（田舎でIT企業を立ちあげたり、サテライト・オフィスをつくったりすることも増えているようだ）。それに交通インフラや配送サービスが発達したおかげで、勝山から東京までなら翌日にはパンを届けることができる。

封建制度から共産主義まで、人類がこれまでつくってきた社会システムの中では、いまのところ資本主義がいちばんマシなシステムなのかもしれない。マルクスが言うとおり重大な欠陥が多々あるものの、資本主義もいいところはいい。

僕らのパンづくりにとっては、「田舎」はかけがえのない意味をもっている。

何より、「天然菌」がすくすくと生きていける環境は、僕らにとって、かけがえのない宝だ。水や空気が汚れ、いたるところに化学物質があふれる都会では、環境の変化に敏感な天然の菌は、伸びやかに生きていくことができない。

僕らが古民家にこだわったのも、同じ理由だ。築年数の短い住宅の新建材には、接着剤や防腐剤など、自然界に存在しない化学物質が使われている可能性がある。すると、「菌」の生態系に大きな影響が出てしまう。その点、古民家の古い木材には、化学物質が使われている心配がない。その土地の空気に馴染み、菌にとって棲みやすい環境を提供してくれる。

「天然菌」と「自然栽培」でパンをつくる僕らにとって、「菌」がのびのびと生きられる「田舎」の環境は、どうしても欠かせない舞台なのだ。

## 「田舎」に生きる覚悟

──田舎暮らしって、あくせく働く必要もなくて、ユルくてお気楽でよさそう。

田舎暮らしに憧れる人も、田舎暮らしを毛嫌いする人も、そう思っている人が多いのではないかと思う。田舎で働き、暮らすひとりとして、都会派の人にそう思われているのを感じる。

でも、これは大きな誤解だ。完全に間違っている。「田舎」は、ユルい場所でもなければ、のんびり暮らすための場所でもない。もちろん都会から逃げこむための場所でもない。「田舎」には、「都会」の理不尽さはないけれど、その分、便利さもない。生活を成り立たせるための条件は、「都会」よりも厳しい。おカネ任せ、他人任せでは暮らしていけないのだ。

僕が最初にそのことに気づいたのは、農産物の卸販売会社の研修で、日本各地の農家を訪ね歩いていたときのこと。1週間から2週間、農家の自宅に泊めさせてもらい、「田舎」の生活の現実を垣間見ることができた。「田舎」に住む人たちは、人が「都会」に吸い寄せられていくことに頭を悩ませているものの、かと言って、誰でもいいから人が来てくれればいいとは思っていない。技術もなにもない、なにもできない人間がノコノコやってきたところで、「田舎」のためにはならない。力がなければ「田舎」で生きていくこともできないし、「田舎」に活力を取り戻させることもとうていできるはずがないのだ。

ここ勝山の周辺には、僕らと同じく、震災をきっかけに首都圏から「覚悟」をもって移り住んできた同世代の友人たちがいる。彼らのことをここで少し紹介したい。

僕らのパンづくりに欠かせない水がある蒜山の地には、30代半ばの「自然栽培」の農家の3人組が、千葉から移り住んできた。高谷《たかや》夫妻（裕治《ゆうじ》さん・絵里香《えりか》さん）と、桑原広樹《くわばらひろき》さんの3人は、「蒜山耕藝」というユニットを組み、米や麦や野菜をつくり、僕らにパンの素材を提供してくれている。

彼らと出会ったのは、震災後、僕らが千葉から移転することを決め、お世話になった方々をお招きして開いたささやかなパーティーでのことだ。「天然麴菌」でお世話になった保坂夫妻が、彼らをつれてきてくれたのだ。

彼らは彼らで、原発事故の成り行きを、固唾《かたず》を飲んで見守っていた。3月半ばから下旬にかけて、近隣の畑でとれたホウレンソウから放射性物質が検出されたという情報が舞いこむ。自分たちでも、栽培していた麦や野菜を収穫し、検査に出すと、放射性セシウムと放射性ヨウ素が検出された。その時点で、その年の出荷は諦《あきら》めた。でも、いったい来年は、再来年はどうなるのか……。彼らも、僕らが抱えていたのと同じ不安を克服し、自分たちの手で未来を切り開いていく可能性に賭けて、移住を決断したのだ。

移り住む先が蒜山に決まったのは、ご縁の賜物。彼らのつながりのなかで、蒜山をはじめいくつかの候補が浮かび、水の良さも大きな決め手になったようだ。

3人のプロフィールも簡単に記しておきたい。

高谷夫妻の旦那さんの裕治さんは、もともと障害者施設で働いていた。障害者介助の現場で障害者が抱える困難と「食の問題」が重なることを痛感していたという。社会が効率や便利さ、物質的な豊かさばかりを追い求めることが、障害者の居場所を奪っていく——そこに「食」が壊れることと共通の原因がある。奥さんの絵里香さんも、裕治さんや桑原さんと一緒に土を耕し、タネを蒔《ま》き、実りの収穫に汗を流している。

桑原広樹さんは、大手コンピューターメーカーでSE《システム・エンジニア》として働いていたが、30歳のときに農家に転身。20代後半の桑原さんが担当していたのは、コンビニの24時間営業を支える物流システム。仕事を通じて、大量の無駄を生みだすコンビニの実態（全国に約5万店あるコンビニで、1店舗あたり1日平均約30食が廃棄されているとも言われる）に疑問をもち、そこに自分が加担するのは「人生の無駄」だと、転身を決意したのだという。

もう1組、僕らとほぼ同じ時期に岡山に移住してきたのは、僕らが「天然麹菌」でお世話になった保坂夫妻。自分たちもつくり手になりたいと、「自然栽培」のブドウと「天然菌」でのワインづくりに挑戦するために、この地にやってきたのだ。

千葉では、すぐ近くに棚原さんという頼りになる「自然栽培」の農家がいてくださったけれど、同じ価値観をもって、これからの「食」や「農」について気兼ねなく語りあえる同世代の友人はいなかった。だから、「覚悟」を決めて「田舎」で暮らす彼らの存在は、僕らにとっても非常に心強いのだ。

## パンで地域の「循環」をつくる

パン屋のいいところは、生産者とお客さんの両方向につながりをもち、生産者とお客さんをつなぐ「ハブ（結節点）」になれること。

自然のなかで作物を育ててくれる生産者には、敬意と感謝の思いを込めて正当な対価を支払い、その素材を、僕らが丹誠込めて加工してパンをつくり、お客さんに正当な価格で販売する。

　そのために、僕らの店では原材料は、できるだけ近くから仕入れるようにしている。そして、生産者とは信頼関係を大切にしたいから、会える距離にいる人には、できるかぎり直接会いに行く（そういう意味でも近いほうがいい）。

　僕らも、生産者の思いをパンに乗せたいし、生産者にも、僕らのパンづくりを理解してほしい。つくったものが何にどういうふうに使われるかが見えると、生産者の思いや手のかけ方も変わってくるはず。

　パンを媒介にして地域内で農産物を「循環」させる。「地産地消」で、地域の「食」と環境と経済をまとめて豊かにしていく。

　地域の経済を「循環」させるという発想のヒントは、第Ⅰ部で触れた『エンデの遺言』にある。エンデは、「腐らない」おカネの指摘に続けて、目的や用途に応じて、おカネをふたつに分けてしまえばいいと、興味深い提案をしている。

　エンデは、人びとが生活の場で使う交換のためのおカネ＝「パン屋で使うおカネ」と、資本が事業を行って増やすためのおカネ＝「資本としてのおカネ」に分けた。

　このまったく違うふたつのおカネに、同じ「法定通貨」（円、ドルなど）が使われているから、経済や暮らしが混乱する。だったら、このふたつのおカネを分ければいい。そして、「パン屋で使うおカネ」として、「循環」を目的とした「特定の地域だけで使えるおカネ」、つまり「地域通貨」を使おうと提案したのだ。この、「地域通貨」というちょっと変わったおカネの可能性に、当時の僕はすっかり夢中になった。

『エンデの遺言』では、いくつかの「地域通貨」の事例が紹介されている。なかでも僕が強く惹《ひ》かれたのは、「地域通貨」によって地域の農業が活性化した、アメリカのイサカという町の通貨「イサカアワー」の事例だ。その紙幣には、次のような理念が印刷されている。

「イサカアワーは私たちの地元の資源をリサイクルすることで地元の経済を刺激し、新たな仕事を創出する助けとなります。イサカアワーは私たちの技能、体力、道具、森林、野原、そして川などの本来の資本によって支えられています」（『エンデの遺言』）

ここに、すべてが言い表されている。店を開くにあたって読み返したときも、僕はやはりそう思った。地域の富を地域に留《とど》め、地域の豊かさを生みだす資源である人間の技能や自然に、経済活動から生まれる豊かさを還元する。
それが、僕らがパン屋を通じて実現したい経済の理想像になったのだ。

## 地域通貨のようなパンをつくる

「田舎」に暮らして5年あまり、「まちづくり」や「地域活性化」の名のもとで、「腐る経済」と正反対のことが行われている現実を何度も目にしてきた。地域の「外」から引っ張ってきた補助金で、都会から有名人を呼んで打ちあげ花火のようなまちおこしイベントをやってみたり、地域の「外」から原材料を調達して、地域の特産品をつくったりする。

これでは地域には何も残らない。潤うのは、イベントを仕掛けた都会の人たちであり、販促やマーケティングが得意な都会の資本だ。使われた補助金も、都会からやってきた連中のところへ流れていく。結局、「外」から肥料をつぎこんで、促成栽培で地域を無理やり大きくしようとしても、地域が豊かになることはない。むしろ、肥料を投入すればするほど、地域は痩《や》せ細っていく。

土壌が痩せると、作物が自分の力で育つことができなくなり、肥料が欠かせなくなる。それと同じで、地域が痩せると、地域の経済を自分たちの力で育てることができなくなり、「外」から何かを足し続けなければならなくなる。「食」の世界と同じ悪循環が生まれているのだ。

「外」からは何も足さない、借りてこない。「内」なる力を、いかに輝かせるか——。「田舎のパン屋」を営むなかで、「天然菌」と「自然栽培」と出会い、あらためて地域通貨の発想は自然の理にかなっていると思う。

だから僕らは、地域通貨のようなパンをつくることを目指す。つくって売れば売るほど、地域の経済が活性化し、地域で暮らす人が豊かになり、地域の自然と環境が生態系の豊かさと多様性を取り戻していくパン——。

僕らは、地域通貨の発想を、パン屋なりにアレンジして発展させ、「利潤」ではなく、「循環」と「発酵」に焦点を当てた、「腐る経済」に挑んでいる。

# 第四章　搾取なき経営のかたち（「利潤」を生まない）

# 酒種パンができるまで

## その9

その8の生地を切り分け、焼き型に入れて、もう一度発酵させます（二次発酵）。

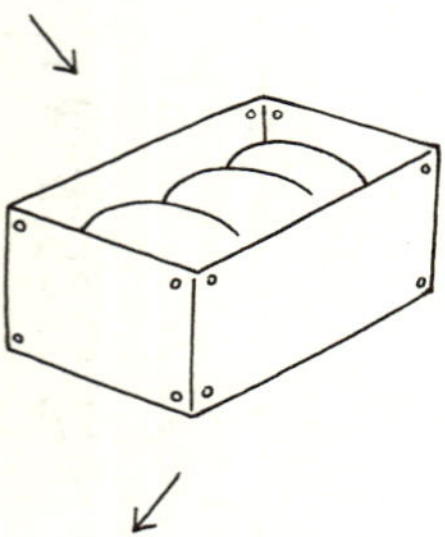

その間も、麹菌の酵素（デンプンを糖に分解）や乳酸菌（糖から乳酸をつくる）は働き続けています。

このように、いくつもの発酵が同時に進むのが酒種の特徴です。

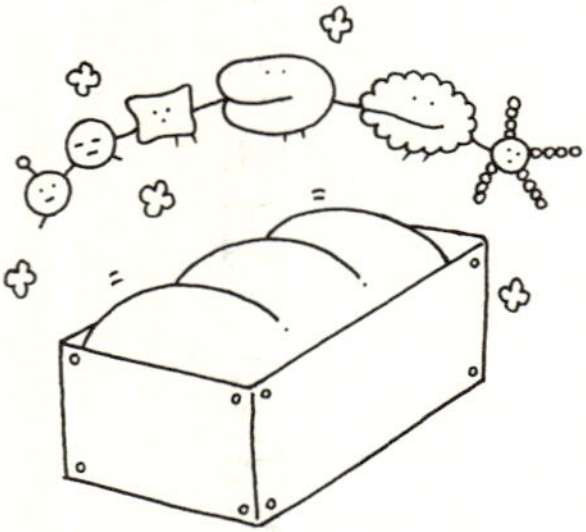


いくつもの菌が手を取り合って働いて、甘味や酸味、奥行きのある味わいを生みだしています。

## 「田舎のパン屋」、いざ、独立へ――

時計の針を、また少し前に戻す。

ときは2007年のはじめ、36歳まであと半年ほどという頃合い。僕とマリは、お互いの仕事の合間を縫って、1歳半になるモコをおぶい、候補地として挙げていた千葉に出掛けては、物件探しをしていた。でも、なかなか「これだ！」と思えるものが見つからない。

ちなみに、千葉は、僕ら夫婦にゆかりのある場所で、僕は千葉にある大学に通い、マリは、小さい頃に家族でよく千葉に遊びに行った思い出があった。「店を開くなら千葉で」と、ずいぶん前から決めていた。

「よし、もう店を辞めて千葉に移住しよう。千葉に住んで、それから物件探しだ」

「ちょっと何言ってるの？　貯金がなくなっちゃうじゃない」

「今はきっと、〝田舎暮らしに憧れる夫婦〟ぐらいにしか思われてないんだって。思い切って千葉に移り住んで、こっちの〝覚悟〟を示さなきゃ」

「そんなに焦らなくたっていいじゃない。時間かけて探そうよ」

「40歳までには店を軌道に乗せたいんだ。店を開いてから軌道に乗るまでに3年はかかると思う。だから、もう時間がないんだよ」

じつは、36歳という年齢も意識していた。祖父が亡くなったのが36歳だと、父から聞いていたのだ。僕は医者になれなかったけれど、「田舎」で町医者になることを夢見た祖父の思いを受け継ぎたい。祖父が亡くなった年齢までに、その夢をかたちにしたい。それで、僕には残された時間がなかったのだ。

僕もマリも仕事を辞め、千葉に移り住んで数ヵ月、ようやく念願の古民家物件（築50年近く）が見つかった。

パン屋の開店資金は、2000万~3000万円かかるのが「常識」とされるなか、僕とマリがふたりがかりで5年かけて貯めたのは600万円。自分たちでできることは、自分たちでやるしかない。しばらく誰も住んでおらず、伸び放題だった竹を切るところから始まり、廃屋《はいおく》のような荒れ果てたままの納屋をパン工房へ改装するための工事を、友人・知人の協力も得て、ほとんど自力でやりきった。そして、修業時代のツテを辿り、中古の製パン機材を探しまわり、処分に困っている備品を譲ってもらい、設備を整えた。機材の運搬も、ほとんど自力でこなした。引っ越しバイトが、こんなところで役に立つとは……。

準備には思っていた以上の時間がかかったものの、２００８年２月、どうにか開店に漕《こ》ぎ着《つ》けた。36歳、滑りこみセーフ。

こうして、マリと出会って7年、ようやくふたりの念願だった「田舎の店」をもつことができた。そこには、2歳半になったモコの姿もあった。

このとき、僕らは自前の「生産手段」を手に入れることができたのだ。

## 社会を「発酵」させる「小《こ》商《あきな》い」のつながり

マルクスいわく、資本主義経済の矛盾は、「生産手段」をもたない「労働者」が、自分の「労働力」を売るしかない構造から生まれている。そこでマルクスは、労働者みんなで「生産手段」を共有する共産主義（社会主義）を目指したわけだが、マルクスには申し訳ないけれど、今さらそういう方法がうまくいくとも思えない。それよりも、今の時代は、ひとりひとりが自前の「生産手段」を取り戻すことが、有効な策になるのではないかと思う。

そのニュアンスをうまく表現してくれているのが、「小商い」という言葉だ。

僕はこの言葉を、『小商いのすすめ』（平川克美著・ミシマ社）という本で知った。それ以来、「小商い」に共感するところが多く、この言葉を借用させてもらっている。「内」なる力、潜在能力を大切にする暮らしや仕事のあり方が、「天然菌」や「自然栽培」、あるいは「引き算のパンづくり」という発想と似ているのだ。

マルクスも、「労働者が自分の生産手段を私的に所有していることが小経営の基礎であり、小経営は、社会的生産と労働者自身の自由な個性との発展のための一つの必要条件である」（『資本論』第1巻第7篇第24章第7節）とか、「労働者の手の熟練や工夫の才や自由な個性が磨かれる学校である」（同前）とか、働く人の個性や潜在能力が磨かれていく「小商い」（小経営）の可能性を、高く評価していたようだ。

ただ、歴史的に、「小商い」は不遇の時代を迎える。マルクスが生きていた時点ですでに、イギリスでも、当時はまだ資本主義新興国だったアメリカでも、圧倒的な大資本が政府と手を組み、「小商い」は、ほとんど息も絶え絶えになっていたのだ。

日本も例外ではない。1957年に1038万人いた自営業主（個人事業主）は、2

012年にほぼ半減、561万人にまで減少している（総務省統計局・労働力調査）。就業者数に占める割合で見ると、1957年の24・2％から、2012年には10％を切り、わずか9％。戦後の高度経済成長期以来、ものすごい勢いで減ってきている。

でも、今こそ「小商い」の時代なのではないかと思う。

交通も通信もインフラが整備され、規模が小さくても十分にやっていける環境が整ってきていると思う。とくに、インターネットやソーシャルメディアは、情報収集や情報発信も思いのまま。「小商い」にとって大きな武器だ。

僕らのパンは、ひとことで表現するのがなかなか難しい。だからこそ、ブログやツイッター、フェイスブックを使い、僕らがつくるパンや店のあり方について丁寧に語ることに重きを置いている（もっぱらマリに頼っているけれど……）。心を込めて丹念にパンをつくり、言葉を紡《つむ》いできた結果、「田舎のパン屋」が5年にわたって受け入れられてきたのだと思う。

ソーシャルメディアで生まれる「つながり」も、孤独な闘いになりがちな「小商い」に勇気をもたらしてくれる。同じ志で事業に取り組む「小商い」の友人たちの活躍は、苦しいときにもうひと踏ん張りする燃料になるのだ。

## 「田舎」で広がる「小商い」の輪

僕らの店では、小麦の粒を、石臼《いしうす》で粉に挽く。さすがに手で挽いてはいなくて、使うのは、粉を挽く部分に石を使った電動の石臼製粉機。

この石臼で挽いた粉は「全粒粉《ぜんりゅうふん》」といって、表皮の部分も含めて、粒をまるごと粉にしたもの。一般に流通している白い「小麦粉」とはちょっと違う。「全粒粉」と「小麦粉」は、米で言うところの玄米と白米の関係と同じ。玄米の糠《ぬか》の部分には、発芽のためのエネルギーが詰まっているのと同じで、小麦の表皮にも、実りをもたらすエネルギーがたくさん詰まっている。

それが、食べものはまるごと食べるのがいいとする、マクロビオティックや「ホール・フード（Whole Food）」の考え方だ。生命は、食べもの全体に宿っているから、ひとつをまるごと食べて初めて、生命をいただくことができる。野菜や果物を皮ごと食べる、魚を骨まで食べる、米や小麦を精白せずに、玄米や全粒粉で食べる、それが人間の生命を健やかに育む、という考え方だ。

店で挽いた全粒粉は、それから酵母をおこし（全粒粉酵母）、そしてパン生地にも使う。ただ、全粒粉だけでは粉が粗すぎて、そのままではパン生地としては使いづらい。そのため、小麦粉と混ぜて生地をつくる。

この小麦粉を、今は西日本の製粉会社からの仕入れに頼っているけれど、できれば、小麦粉も店で製粉したい。それができて、一粒の小麦からパンをつくれてこそ、ほんとうの「ホール・フード」だと思っている。今、僕らはそのために、新たな製粉機を導入しようとしている。

そして、僕らがここまで自家製粉にこだわるのには、もうひとつの理由がある。それは、「小商い」としての農家に、もっと元気になってほしいし、力のある農家と「つながり」をつくっていきたいと思うからだ。

1960年代頃までは、内陸部の農村のあちこちに、小規模ながらも数多くの製粉所があり、製粉所のまわりでは、そこかしこで農家が小麦をつくっていた。

ところが、小麦の輸入が増えると、その状況が一変する。日清製粉など大手製粉会社が海沿いに巨大な製粉工場をつくり、製粉市場を席巻《せっけん》すると、小さな製粉業者がつぶれていった。小さな農家は小麦をつくっても売り先に困るようになっていく。遠くの海沿いまで運ぶことはできないし、大手の製粉会社は、少量の小麦など相手にしてくれない。そうこうするうちに、輸入小麦の価格の安さにも押され、国産小麦の生産はどんどん下火になっていったのだ。

僕らが目指しているのは、「地域の農とともにあるパン屋」、「畑から始まるパンづくり」。地域に「農」の担い手がいなくなれば、僕らのパンがつくれなくなってしまう。僕らが目指す経済は実現できなくなってしまう。それは困る。だから、製粉機があれば小麦をつくる農家も増えるんじゃないか。

自家製粉は、「小商い」の担い手としての農家との「つながり」をつくる手段でもあるのだと、そんなことを企んでいたら、勝山の近くで、力強い生産者の夫婦と出会った。北海道大学の大学院で、農学を学んだ30代の夫婦で、「ノリランカ」という農園を営んでいる。

「自然農を実践してみたら、大学院で研究してたことがすべて覆されるんだよね！」

大学院で学んだことと実践を融合させて、自然の力で作物を育てる百姓となり、自然のなかでの暮らしを送っているのだ。

そんな彼らが、僕らのために小麦や野菜を提供したいと、嬉しいオファーをしてきてくれた。もちろん、こちらとしては願ったり叶《かな》ったり。「蒜山耕藝」（186ページ参照）と並ぶ頼もしい同志だ。

その「蒜山耕藝」も、「イル・リコッタ−ロ」の竹内くんも、ワイン醸造に挑む保坂夫妻も、「田舎」で活躍する「小商い」の面々だ。ここ勝山周辺では、自然と向きあい、「覚悟」をもって暮らしを送るパワフルな「小商い連合」が、今たしかな広がりを見せている。

## 「菌遊系」のユカイな仲間たち

と、ここで僕らの店で働くスタッフについて紹介したい。個性派揃いで、ユニークな技や経歴のもち主だ。

大学院で酢酸菌について研究し、発酵にも詳しい三浦弘嗣くんは、2011年春に修士課程を終えたばかりで、今、僕らのビール酵母づくりに取り組んでくれている。

ちなみに、日本でよく飲まれる「ピルスナービール」は、チェコの「ピルゼン」というまちを起源としている。「ん？　ピルゼン？　僕らが使っている水は蒜山《ひるぜん》だぞ」

ということで、僕らがつくるビール酵母パンは、「ヒルスナービール」でつくるパンなのだ。

フレンチレストランやパン屋で修業した経験のある20代後半の湊貴光くんは、パンづくりと料理のどちらもこなせる頼もしい存在だ。

千葉で店を開いたときから、僕ら夫婦には、田舎を拠点に、本物のものづくりに挑み、勝負する人を増やしたいという思いがあった。僕自身が、10代、20代を無駄に過ごしてしまった後悔の念が強いだけに、今の若い人には、若いうちから人生を賭けて臨めることに挑んでほしいと思う。

高給目当てに都会や外資の「金融系」を目指すのではなく、田舎で「菌」と遊び戯《たわむ》れるなかで、生命と向きあう「菌遊系」を目指してほしい。田舎の豊かな自然のなかで、「菌」を通して見える世界は、「グローバリゼーション」という名のアメリカ一辺倒の世界より広くて深い――。

そういう仕事に挑む人が、ひとりでも増えてほしい。

その思いが、ここ勝山で、少しずつかたちになりはじめている。「小商い」の仲間が増え、「菌」と戯れる僕らの仕事を面白がってくれる人びとが増えている。彼らこそ、「腐る経済」を育む、「菌遊系」のユカイな仲間たちだ。

## 「小商い」に「利潤」は要らない

僕が考える「小商い」の大切なポイントは、「利潤」を追求しないということ。規模が小さいだけでは「小商い」ではない。最初に修業したパン屋は、規模だけ見れば従業員数名の小さなパン屋だったけれど、店の実態は、『資本論』に登場する「安売り業者（アンダーセラーズ）」と変わらなかった。それは、あのパン屋が「利潤」の虜《とりこ》になっていたから。「腐らないおカネ」が「利潤」を生み、「利潤」のために、従業員が無茶苦茶に働かされ、天然酵母パンが偽装されていたのだ。

「利潤」を生まない商いを、どうやって実現するか。

それには、「利潤」が生まれる仕組みを思いだしてみてほしい。「利潤」は、もらう給料よりも多く労働者が生みだしたものを、資本家（経営者）が吸いあげることから生まれていた。ということは、話はとっても単純だ。労働者が生みだした分は、労働者にきっちり渡せば、「利潤」と無縁でいられるのだ。

ところが、これは言うは易《やす》しで、実際行うのはなかなか大変なこと。僕らも、開店2年ぐらいで人を雇いはじめ、その難しさに直面することになった。結局、どこまでが労働者の生みだしたものなのかがよく分からないのだ。

「スタッフの給料、どうしようか？　マルクスに言わせると、〝利潤〟を出してしまったら、それは搾取してることになるんだよ。オレは、搾取しながらパンをつくりたくないなぁ」

「〝利潤〟って要は儲けのことでしょ。儲けを出さなきゃいいんでしょ。それなら、前に私が働いてたとこが参考になるんじゃない？」

マリの働いていたところは、いわゆる会社組織ではなくて、「ワーカーズ・コレクティブ」という、全員が出資者にして労働者で、売り上げと働きに応じて毎月の給料が決まるという、ちょっと変わった形態の組織だった。全員が出資して全員が働く、つまり、全員が資本家（経営者）にして労働者。「利潤」を資本家がとっていくのではなく、大雑把に言えば、売り上げから仕入れを引いた営業利益を、出資比率や働きに応じて全員で分けあう。

「でもさ、さすがにスタッフに出資してもらうのは大変だよね」

「そうねぇ、じゃあ、おカネの流れをスタッフにオープンにすればいいんじゃない？　そうすれば、私たちが搾取していないってことを伝えられるし、なににどれだけおカネを使っているかを知ってもらえば、スタッフにも経営の意識をもってもらえるかもしれないし」

「そうだなぁ、それでいくか」

「ふつうの」外食産業やパン屋では、人件費と原材料費を、それぞれだいたい3割ずつ、ふたつあわせて6割程度に収めるのが「常識」とされる。それと比べて、僕らの店の経費の内訳は、ちょっとふつうではない。人件費と原材料費がそれぞれ売り上げの4割強ずつ、あわせて8割強を占めている。こういう経費の構造では「利潤」の出しようがない、「搾取」のしようがないことを、従業員にも伝えて理解してもらっているのだ。

こんな経費の構造でも店が成り立つのは、家賃の安い田舎でしかありえないこと。「小商い」のパン屋にとって、人の手と素材が生命線だ。そこにきちんとおカネを使い、それで経営を成り立たせるために、田舎はつくづく合理的な場所だと思う。

ただし、「利潤」を追求しないと言っても、赤字を垂れ流すようでは、もちろん店が成り立たない。収支をトントンにして、損益分岐点クリアを目指すのが重要だ。「利潤」ゼロ、損益分岐点に着地させれば、投資した分は必ず戻ってくる（給料だって投資のひとつだ）。それで店は続いていく。「利潤」で膨れ上がることもなく、損失で萎《しぼ》んでいくこともなく、明日も変わらずパンをつくって届けることができるのだ。

「利潤は、次の投資のために必要だ」という話をよく聞くけれど、それは結局、生産規模を拡大して、資本を増やしていくためでしかない。同じ規模で経営を続けていくのに「利潤」は必要ないのだ。

## 農薬を使っている人たちこそ農薬の怖さを知っている

僕らの店で「利潤」を出すのは簡単なこと。営業日を増やしてパンをもっと多く売ってもいいし、労働時間を長くして従業員にパンをもっと多くつくってもらう手もある。原材料費を、世間のパン屋並みの原価率に落とすだけでも「利潤」は出る。「天然菌」なんて大変なことはやめて、市販の純粋培養菌を使えば、今より圧倒的にラクをしてがっぽり稼ぐことができる。

でも、労働時間を長くすれば従業員は大変になるし、純粋培養菌をつかうとパン職人本来の技術が身につかない。そんなパンづくりをどれだけ続けても、パンをつくれない名前だけの「パン職人」を増やすことにしかならない。

原材料を買い叩くことなど、もってのほか。僕らが大事にしている「自然栽培」の生産者は、自然の力に逆らうことなく、自然の生産力を守り、自然を育みながら作物を育てる人たちだ。いわば「生命の守り手」である生産者から原材料を買い叩くということは、生命を育む自然を自分の手で壊すのにも等しいことだと思うのだ。

それは結局、豊かな自然を失うかたちで、僕ら自身の首を絞めることになる。

食品の偽装も、農薬や化学肥料、添加物、F1（第一種交配）や遺伝子組み換えのタネも、すべては「安い食」をどこまでも追い求める構造のなかで生まれている。食の世界では、残念ながら、生産者が「自分たちが売り物としてつくったものは絶対食べない」、「自分たちが食べるためにつくる米や野菜には農薬を使わない」という話がまことしやかに語られるし、また現実としてよくあることだ。たしかに農業の世界では、実際に農薬を使っている人たちこそ、農薬の怖さを実感している。

こういうことは、もう僕らが十分すぎるほど学んできたことだと思うのだ。なんでも高くすればいいというわけではないけれど、安く買うツケは、まわりまわって自分に返ってくる。

## パンを「正しく高く」売る

マルクスが解き明かした資本主義のメカニズムをもう一度思いだしてみてほしい。「商品」を安くしようとすることで「労働力」が安くなり、「労働力」が安くなることで「商品」も安くなる。そしてそれがまた「労働力」を安くする……。という無限の連鎖にあわせて、「商品」と「労働力」の質が下がっていくのが資本主義の構造的な宿命だった。そういう意味では「インフレ」も「デフレ」も、「腐らないおカネ」による資本主義の同根の病理だ。

僕らが目指しているのは、この、資本主義の矛盾の連鎖を断ち切ることだ。それには、この負の連鎖と反対のことをする必要がある。つまり、「商品」と「労働力」の「交換価値」を高く保つということ。

「職人」が技術と感性を磨き、「労働力」の「交換価値」を高く保つ。そして、「職人」である生産者がつくった「交換価値」の高い原材料（商品）を仕入れる。こうして、ひとつひとつの「商品」を丁寧につくり、「商品」の「交換価値」を高く保っていくことが、「小商い」が「小商い」であり続けるために必要なことなのだ。

「商品」を丁寧につくることと同じく大切なのが、「商品」をきちんと人に届けるということ。人に届かなければ、丹念につくった「商品」もなんの意味もない。

パンという「商品」が持つ「使用価値」と「交換価値」を、不当に大きく見せることもなく、不当に貶《おとし》めることもなく、「誰が」「どんなふうに」つくり、そこにどういう意味があるかを、丁寧に丁寧に、伝えていく力が必要になる。

自分たちが疑わしい、おかしいと思うもの、品質や安全性に確証をもてない素材は使わない（買わない）。自分たちが信じられる素材や菌や製法だけを使い、自分たちが信じられるパンをつくる。そして、自分たちが信じているものには、きちんと正当な対価を払う。

「利潤」を出さないということは、誰からも搾取をしない、誰も傷つけないということ。従業員からも、生産者からも、自然からも、買い手からも搾取をしない。そのために、必要なおカネを必要なところに必要なだけ正しく使う。そして、「商品」を

「正しく高く」売る。この搾取なき経営のかたちこそが、おカネが増殖しない「腐る経済」をつくっていくのだ。

## 間に合った「最後の晩餐《ばんさん》」

僕らは「利潤」の代わりに、パンにたくさんの「思い」を乗せている。乗せているというよりも、僕らのパンづくりは自家製粉から始まって、とんでもない手間がかかる分だけ、どうしてもパンに「思い」がこもってしまう。

実を言うと、小麦を挽く前にも工程がある。農家から粒のまま直接仕入れる小麦には、黒っぽい色をした、小麦の粒よりはほんの少し小さくて丸い草のタネが混じりこんでいる。その収穫のときにまぎれこんだタネをひとつひとつ手で取り除くところから、僕らのパンづくりは始まる。

根気の要る仕事で恐ろしく効率は悪いけれど、この時間は、僕らがパンをつくる意味を思い起こさせてくれる豊かなひとときでもある。小麦が放つ香りに包まれて、小麦が懸命に生きていることを感じられる。小麦と向きあい、畑と向きあった生産者の

「思い」も、その香りのなかから立ち上ってくる。

混じりこんだ草のタネだって生きている。次の世代を生みだす生命の力を宿している。さらには、小麦と草のタネの向こうには、土壌に棲まう虫たちや微生物たちの姿も浮かんでくる。土壌にも、多くの「菌」が棲んでいるだろう。

タネ取りの作業を通じて、僕らは、パンが生まれ来る過程のなかにいる無数の生命を感じ、その生命が抱く「思い」を感じとる。そのすべてが、僕らのパンに乗り移っていく。

僕らのようなちっぽけな、しかもちょっと変わったパン屋が、ありがたくも5年もパンをつくり続けることができたのは、この、あふれんばかりの「思い」が、届くべき人のところに届いているからではないかと思う。「思い」がたっぷり詰まったパンを、温かく受け入れてくれる人がいるからこそ、僕らは、今日もパンをつくることができるのだ。

あるとき、タルマーリーのパンをいつも買ってくれている方から、もう生命が長くないという、その方の父親に、パンを届けるよう頼まれたことがあった。

「パンが大好きな父だったから、最後にパンを食べさせてあげたい。タルマーリーさんのパンを食べながら安らかに眠ってほしい」と。

間《ま》に合うだろうか――。いつにも増して「思い」を込めてパンをつくり、宅配便の梱包《こんぽう》にもたくさんの「思い」を詰めこみ、急いでパンをお送りした。このパンに込めた「思い」が届きますように……。

後日、こんな連絡をいただいた。

「父は、タルマーリーさんのパンを食べながら、安らかに眠りにつきました。口に含んだ一切れのパンを、美味しそうに慈《いつく》しみながら、微笑《ほほえ》みを浮かべて、静かに息を引きとりました。タルマーリーさんのパンが、父にとって最後の晩餐となりました」

パンは、生命の糧《かて》になり、心の糧になる。

パンは、食べる人の身体と心を豊かにする。

僕らのパンは、そうなっているだろうか――。

それを日々自分に問い続けながら、パンをつくり続けていたら、いつの間にか5年が経ち、僕らのまわりに、僕らを支えてくれる人が増えていた。こんなに嬉しくありがたいことはない。

「利潤」よりも大切なもののために、僕らはパンをつくり続けていきたいと思うのだ。

# 第五章　次なる挑戦（パンと人を育てる）

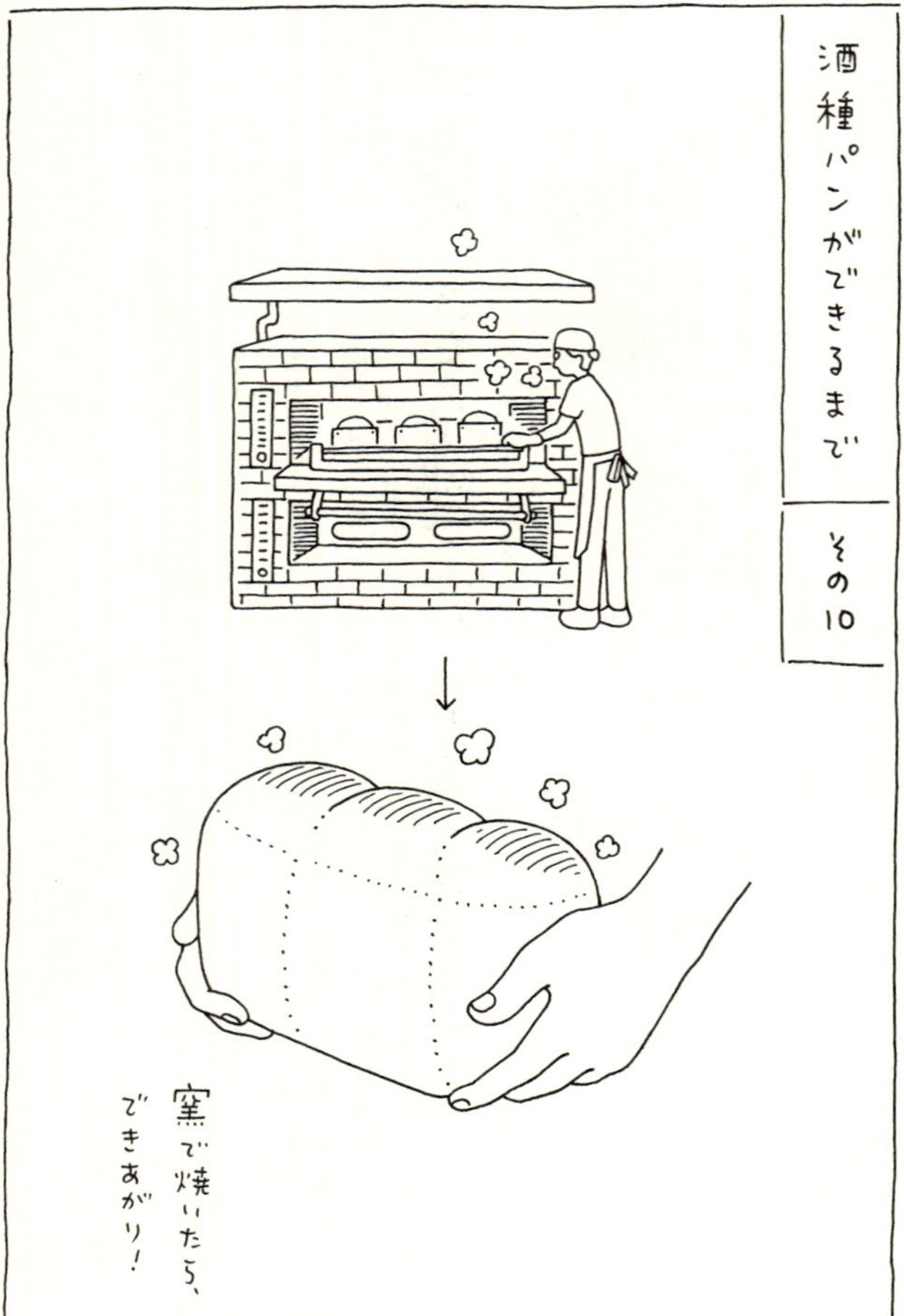
酒種パンができるまで
その10
窯で焼いたら、
できあがり！

## パン屋の一日

朝の4時――。
お日様の気配を感じるにはまだ少し早い時間から、僕たちパン屋の仕事は始まる。まだぐっすり寝ているマリとふたりの子ども（モコとヒカル）を起こさないように、抜き足差し足、階段を降りていくと、そこにはパン工房へ通じる扉がある。その扉の前に立った瞬間に、パン職人としてのスイッチがパチンと入る。
扉を開けると、今日もいつもと変わらぬ小麦の香りが静かに鼻の奥をくすぐる。朝一番で確認するのは、前日仕込んでおいたパン生地の発酵具合。目で見て、匂いを嗅ぎ、指で弾力を確かめ、ひとすくいして舌で味わう。うん、いい感じ。僕が寝ているあいだも、「天然菌」がせっせと働いてくれている。
ガラガラガラッ――。しばらくすると、表の引き戸を遠慮がちに開け、スタッフが店にやってくる。作業を手早く分担して、発酵の状態がいい生地から、適度な大きさに分割してかたちを整えていく。その状態でもう一度寝かせて十分に発酵させ、生地が十分に膨らんできたものから窯に入れ、順に焼きあげる。

このサイクルを1日に何度も繰り返すのが、パン屋の工房での仕事だ。言葉にすると単純だけれど、これがけっこうな大仕事。

僕らの店では、曜日ごとにメニューを入れ替えて、1日に3〜4種類の酵母で20種類前後のパンをつくっている。発酵の温度を管理して、段取りを立てて順番にパンを焼こうとするものの、もちろん「菌」は人間の都合などお構いなし。

先に焼こうと思っていたものが十分に発酵していなかったり、後で焼こうと思っていたものが、どんどん生地を膨らませてしまったり……。太陽がすっかり顔を出し、家の前の通りを歩く人が、ガラス窓から店のなかを覗きこむ頃、パン工房では、「菌」とのタイムレースが繰り広げられている。

## 菌に学ぶ

「菌」は生きている。生きているから、僕ら人間と同じように、環境の変化によって体調や機嫌が変わる。元気なときもあれば、元気がないときもある。素直なときもあれば、ひねくれているときもある。気温や湿度、生地の水加減、塩加減、練り具合など、朝一番に「菌」の体調や機嫌を確認するのは、一日の始まりの大切な作業だ。

変化が激しいのは、これまた人間と同じく季節の変わり目。急に暑くなったり寒くなったりすると、「菌」もなかなかついていけない。それで予想以上に「発酵」しすぎたり、こちらの思いどおりに「発酵」してくれなかったりする。おおよそ、「菌」というものは暑いのが好きで寒いのは苦手だ。とくに、世界中で日本にしかいない麹菌は、日本のジメジメとした蒸し暑さが大好きで、梅雨から夏にかけてものすごく元気になる。

変化と言えば、千葉から勝山への移転が、僕が経験した最たるものだ。土地《ところ》が変われば「菌」も変わり、気候も変わる。そのうえ、水を替え、素材の仕入れ先も大きく替えた。その大きすぎる変化に、当初は僕の側が対応できなかった。「発酵」がまったく安定せず、移転して1年以上はオチオチ眠れない日が続いた。

40歳を越えた体にはなかなか大変な再出発だったけれど、移転から1年が経ち、新しい環境に、僕の側が少しずつ慣れてきた。ここ勝山で出会った水は、人間だけでなく「菌」や作物にとってもやさしい味わいがするようで、最近では、「発酵」がずいぶん柔らかくなっている。

そして不思議なのは、つくる側の気持ちが「菌」にも乗り移っているとしか思えないこと。こちらの気持ちが不安定なときは、酵母や生地の「発酵」が荒くなる。こちらが落ち着いていると「発酵」が穏やかになる。それが、日々「菌」と向きあいパンをつくっている実感だ。

「菌」は、手のかかる子どものようなもの。親が子どもにできることは、愛情をもって接し、子どもが育つ環境を整えるだけ。パン職人が「菌」に対してできることもそれと同じ。愛情をもって「菌」に接し、「菌」が育ちやすい場を整えるまでしかできない。生きた「菌」の力を借りてパンをつくるために、「菌」が「育つ」場を整える。それがもっともシンプルに表現した、パン職人の仕事だ。

## 子に学ぶ

僕が日々「菌」と向きあい学んでいる傍《かたわ》らで、マリは子どもたちから、いろいろなことを学んでいる。

ひとり目のモコは病院で出産。紙おむつは使いたくないと、布おむつで頑張るも、洗っても洗っても汚れることの繰り返しに、心身ともにヘトヘトになっていた。子育てがぜんぜん楽しくないし、女性としての自信もつかない。なんだか納得がいかない。

そんな経緯もあって、ふたり目のヒカルは自宅で出産。そして8ヵ月のときに、「おむつなし育児」という方法に出会った。抱っこしていて、ちょっとした「うんちをしたい」のサインを察知したら、庭につれていってさせる。そうしたら、いつも下痢気味で何度もおむつを汚していたのがウソのように、便の調子がよくなった。もし、「おむつなし育児」をしていなかったら、震災で紙おむつが手に入りづらくなったとき、もっとパニックになっていただろう。子どもの生理にあわせる育児は、結果的に、自然にもやさしいし、非常時にも強い。

今から思えば、赤ちゃんはたぶん、おむつが汚れるのが気持ち悪くて、排便のコントロールがうまくできなかったのだと思うとマリは言う。その赤ちゃんの言葉にならないサインを、母親として察知できるかどうか。

「菌」と「子ども」。自然を生きる彼らから、僕たちは日々学んでいる。

## イナズマを稲の妻と書くのは……

母親にとって、子どものサインを察知する力が大事なように、パン職人にとって大切なのは、「菌」や素材の状況を見極める「目」をもつこと。「目」があるから「技」が活き、「技」があるから「目」も養われる。と、偉そうに語っているものの、僕も状況を見誤っては、パンをダメにしてしまうこともしばしばある。

この「目」の大切さは、自然相手のあらゆる仕事に当てはまるのではないだろうか。自然の状態や変化を嗅ぎとる感性があるからこそ、自然の力を借りることができる。「土づくり」や「場づくり」の「技」を活かすことができるのだ。

千葉にいるとき、「自然栽培」の農家の棚原さんが、面白い話をしてくれた。

「雷《かみなり》ってさ、他に呼び方あるんだけど、それが何か知ってる？」

「えっと、なんですかね……」

「イナズマだよ、イナズマ」

「ああ、そうですね」

「じゃあ、イナズマって、どういう字を書くか知ってる?」

「うーん……、ちょっと分かりません」

「『稲』の『妻』って書くんだよ」

「なんで『稲』の『妻』なんですか?」

「雷がドンと鳴ると、空気中の窒素が水に何トンと溶けるんだよ。空気中の窒素が雨に溶けこんで、それが土を肥やして米を実らせる。だから、『稲』の『妻』なんだ。昔の人は、科学なんて知らなかったけど、五感と経験で、自然のことをよく知ってたんだ」

窒素は、作物にとって大事な養分で、リン酸、カリウムと並んで「肥料の3大要素」のひとつとされている。どうして窒素が作物にとって大事なのかというと、タンパク質をつくる元になるから。植物は、タンパク質で葉や根や茎をつくって、自分のカラダを成長させる。

窒素は、空気の約8割を占めているけれど、ほとんどの植物は、空気中の窒素を直接取りこむことができず、大気中から土に吸収された窒素分を、根っこから吸収するしかない。

そして、大気中の窒素が土に吸収されるルートは大きくふたつしかなく、そのひとつが、雷の放電作用なのだ。

「稲妻」という呼び名は、はるか昔の古代から使われていた。古代人は、雷の正体が電気だとか、窒素という元素が植物の大切な養分になっているとか、そういうことを知っていたわけではないだろう。でも、雷が鳴ると稲がよく実ることを、ちゃんと知っていた。昔の人は、たしかな「目」をもっていたのだ。

人間は、ほんのつい最近まで、自然のなかで過ごしてきた。そう考えると、機械や文明に囲まれた今の暮らしのほうが、人類の歴史のなかでは「特別な」環境なのだ。

だからだろうか。毎日、「天然菌」とかかわりながら働いていると、なんとも不思議な感覚になってくる。自然の大きさや奥の深さに圧倒され、とても人間の力なんて及ばないと痛感させられる一方で、自然とつながって生きている喜びのような安心感のような気持ちが、胸に湧き上がってくるのだ。

「天然菌」は気まぐれ。いや、きっと「菌」には「菌」の事情がいろいろあるのだろうが、それがなかなか人間には分からない。毎日「菌」に振り回されている、と言えなくもない。

でも、だからこそ面白くてやめられない。「菌」に導かれるまま道を進むと、ときおり、自然の神秘や生命の本質のようなものが垣間見えることがあって、そんなときは、誰も見たことのない世界を、ひとりで覗いてしまった興奮に襲われる。そんな面白さを味わえる仕事はなかなかない。

発酵もパンづくりも、どこまで行っても終わりがない。終わりがないから、どこまで行っても新鮮で、進めば進むほど、その先に新しい道が見えてくる。自然相手の労働の喜びが、ここにあるのだ。

## 「技」を支える「目」は五感に宿る

大気中の窒素が土に吸収されるもうひとつのルートが、マメ科の植物の根っこに棲み着く菌の働きによるもの。昔の日本の田んぼでは、あぜ道に大豆を植えたり、田植えの前にレンゲを植えたりしていた。

大豆もレンゲもマメ科の植物。根っこに棲み着く菌が、大気中から窒素を吸収し、土壌を豊かにする。稲が、その栄養分を求めて根を伸ばし、吸収してすくすく育つのだ。

こういう自然の営みを、昔の人は、感覚を研ぎ澄ませ、経験を積み重ね、自分の力できちんと感じとっていた。

そういう視点で見ると、今の社会は、「科学」にちょっと偏《かたよ》りすぎじゃないか、と思う。昔の人は、「科学」がなくても、自然を見る「目」を磨き、感性を鋭くして、自然のなかで何が起きているかをつかんでいた。

「発酵」の世界がまさにそう。昔の人は、顕微鏡もないのに、豊かな発酵食文化をつくってきた。「発酵」と「腐敗」は紙一重なのに、それを、自分の「目」と感性で嗅ぎ分けていた。今では当たり前に食べられている納豆やヨーグルトも、大豆や牛乳があんなふうに変わってしまったものを、誰かが勇気を出して、生物の直感を信じて食べてみたからこそ、今も食文化として続いている。きっと、今残っている食文化のウラには、昔の人の無数の試行錯誤があったはずだ。

精密な「ものづくり」を根底で支えているのも、職人の鋭い感覚だ。

町工場の熟練工は、手仕事で金属の表面を鏡のように磨きあげたり、カメラのレンズを狂いのない球面に仕上げていく。宮大工は、定規やセンサーを使わずとも、鉋《かんな》で削った木が平らかどうかを判別する。それを可能にしているのは、職人の指先に宿る、コンマ何ミリの違いを見分ける繊細な感覚。

しかも、宮大工がつくりだす水平や垂直は、物理的な意味での水平や垂直ではなくて、人間の見た目にそう感じられるように、わざと微妙に凹《へこ》ませたり傾斜させたりするそうだ。定規の直角を信じずに、仕入れてきたものを最初に自分たちで直すというから、その微細な感覚には、ただただ驚くしかない。

「目」は、視覚だけではなくて、五感に宿る。熟練工や宮大工の指先にも、パン職人の鼻孔《びこう》や舌にも、「技」を支える「目」は宿っているのだ。

科学を積み重ねてきた人間の営為もすごいけれど、ひとりひとりの人間が「内」に備える力だってすごい。昔の人にできて、今の人にできないわけがない。科学の知識で分かったような気になって、忘れ去られてしまった力がきっとある。

## 突き詰めた先に、花開くもの

必要なものが社会に広く行き届いた時代、「商品」を買ってもらうために、「商品」

の違いを際立たせる「差別化」や「ブランド」の重要性が語られることしきりである。

でも、「田舎のパン屋」から見ると、これはなんだか見当違いのような気がしてならない。「差別化」しようとしてつくったものに、大して意味のある違いなんて生まれないと思う。

「個性」というのは、つくろうとしてつくれるものではない。つくり手が本物を追求する過程で、もともとの人間性の違いが、技術や感性の違い、発想力の違いになってあらわれて、他とどうしようもなく違う部分が滲《にじ》み出て、その必然の結果として生みだされてくるものだ。

パンの道を歩みはじめる前の僕は、「人と違うことをしたい」ということだけを考えていた。学園祭つぶしのゲリラライブを決行したのも、変わったことをして目立ちたい願望があったから。停学処分が明けたあとは、頭をモヒカン刈りにもした。

でも、人との「違い」を見せつけるためにやってきたことは、結局何ひとつ自分の身にならなかった。今なら、その理由がよく分かる。「人と違うことをしよう」という発想は、「人と違うものがない」ことを自覚していることの裏返しでしかないのだ。

あのとき、僕がなすべきは、自分が心から打ちこめるものを探すことであったはずなのに、髪型を変えたり、奇抜なことをしてみたり、手っ取り早く、「人と違う誰か」に見える方法を追いかけていた。そんなフワフワした状態で10代と20代を過ごしてしまい、ハンガリーで大恥をかき、30歳でようやく気づいた。僕は何も身につけていない、何者にもなれていない、と。

その現実をしっかりと受け止めて、とにかくいっぱしの人間になることだけを心に誓い、31歳でパン屋の門を叩いた。1軒目の店はとんでもないところだったけれど、だからこそ、2軒目の修業先で出会った、今も「パンの師匠」と慕うパン職人の素晴らしさを実感することができた。そのパン職人とは、妻の友人の紹介で知った横浜のパン屋で、店のすべてをひとりで回されていた東川司《ひがしかわつかさ》さんという方だ（今は世田谷区・奥沢の「クピド！」というパン屋で、シェフとして職人たちを束ねている）。

毎日が、東川さん付きっきりの個人指導だった。東川さんは、「パンは、人が食べるものなんだ。人間の身体は、食べたものからつくられるんだ。パンは人の生命をつくるものなんだ。だから、その自覚と責任を背負って、パンをつくらなければいけない」と、パンをつくる心構えから始まって、パンをつくる面白さと厳しさを僕にみっちり叩きこんでくれた。

本物の「天然酵母」のおこし方も、東川さんから教わった。小麦粉の選び方や生地の捏ね方、レシピのすべて、あらゆることを教わった。

パンが大好きな人で、自分の目指すものに対していっさいの妥協をしない、まさに「職人」の名にふさわしい人。創意工夫と研究を毎日続け、レシピの細かいところを毎日いじっていた。

「粉の配合を変えてみようか」（東川さんは、複数の小麦粉をブレンドして理想の味や食感を追求していた）、「水の量をちょっと減らしてみようか」「粉を水に浸《ひた》す時間をもう少し長くしてみようか」……。

当時の僕は素人同然、その意味はほとんど分からなかったけれど、とにかく必死で食らいつくことだけに集中した。家に帰ると、マリの「私と遊んでよ〜」という声を後ろに聞きながら、レシピを記録し、今日やったことの意味を必死で考えた。

残念ながら、数ヵ月ほどで東川さんの体調不良から店を閉めることになり、その学び多き時間は長く続かなかったけれど、少年のように目を輝かせてパンを熱く語る東川さんのパン談義は、僕にとってほんとうにかけがえのない時間だった。東川さんと出会えていなければ、その後の修業の時間を耐えられなかったかもしれない。店を開いてから、日々挑戦する心を失わずにいられたのも、東川さんの「職人魂」を背中で感じとっていたからだった。

こうしてパンの世界に飛び込んで10年が経った。気がつけば、「天然菌」や「自然栽培」にのめりこみ、「パン屋でこんなことしている人はいない」、「不思議なパン屋」「面白いパン屋」とまわりからいわれるようになっていた。

手っ取り早く何者かになろうとしたってなれっこない。何かに必死で打ちこみ、何かを究めようと熱中していると、ひとりひとりがもつ能力や個性が、「内なる力」が、大きく花開くことになるのだ。

## 田舎で巡りあった職人たち

ここ勝山は、手仕事に誇りをもつ職人が息づく町だ。

僕らがこの町で暮らすために尽力してくださった加納さんは、僕らの店の真向かいで、「ひのき草木染織工房」を営む草木染めと織物の職人だ。加納さんは、勝山の町を彩る暖簾《のれん》をつくっていて、僕らの店の暖簾も、加納さんがつくってくださったもの。隣には革製品をつくる職人が、斜め向かいには、ステンドグラスで灯りをつくる職人と、かずらと和紙で灯りをつくる職人がいる。通りを5分ほど歩いたところには「辻本店」という造り酒屋があり、同じ「発酵」に向きあう職人たちがいる。

人口1万人にも満たない小さな町に、これだけの職人が集まっているのが驚きだけれど、そのなかでも、僕らの店とかかわりが深い、勝山の郷土の伝統工芸、「勝山竹細工」の職人である平松幸夫さんのことを少し紹介したい。

1977年生まれの平松さんは、介護施設で働いていたが、3年で勤めを辞めた。お年寄りが少し体調を崩しただけでクスリ漬けにしたり、お年寄りの気持ちよりも作業効率を優先したりする介護のあり方に疑問を感じたのが、退職の理由だ。20代後半で「勝山竹細工」と出会い、魅せられ、職人の技術と仕事ぶりを間近で見るために、岡山県南部から勝山に通い始めた。2007年には勝山に移り住み、職人の元へ足繁く通った。

勝山は、江戸時代の後半（19世紀はじめ）に、竹細工の名産地としての地位を確立した。竹の青い表皮と白い内皮を組みあわせて編みこみ、縞《しま》模様の仕上がりになるのが特徴で、青い表皮の部分には雑菌の繁殖を防ぐ作用が、白い内皮の部分には水分を吸収する働きがある。

炊飯器のない時代、大家族の1日分のご飯（米と麦を混ぜて炊く麦飯）は朝にまとめて炊くのがならわしだった。麦は米よりも腐りやすい。とくに夏の暑い日に、麦飯を「腐敗」からどう守るか、昔の人は苦心していた。冷蔵庫なんてない。そのとき重宝したのが、雑菌の繁殖を抑える竹細工の「飯かご」だった。１９７９年には、国から「伝統的工芸品」の指定を受けた。

僕らが千葉からの移転先を探していたときに、この町で最初に出会ったのが、平松さんだった。竹と言えば、「天然麹菌」の自家採種の立て役者のひとつ。勝山との縁が竹細工職人から始まったことにも、僕は運命を感じずにはいられなかった。

## 日本は資源大国

勝山で店を開くにあたり、僕は、店の裏手を5分ほど歩いたところにある平松さんの工房を訪ねた。勝山竹細工のザルを使い、勝山の麹菌を採取したいと思ったからだ。

そのとき、平松さんは、こんな話をしてくれた。

――日本に資源がない言《ゆ》うんは大ウソですよね。森があって水があって、四季がめぐり、豊かな資源に恵まれています。僕は、こんなに資源が豊かな国はない思うんです。竹だって、そこら中で勝手に生えてきます。

でも、江戸時代の終わり頃から、西洋の技術に圧倒されて、目の前にある豊かさが見えんようになってしまったんでしょうね。昔から長い時間をかけて培われてきた伝統技術が、その頃を境に、ものすごい勢いで失われていきました。

それでも、桶《おけ》屋や鍛冶《かじ》屋、竹細工は、生活と密着していたから、最後まで生きながらえたんです。そこにトドメを刺したのが、プラスチックです。安価な容器が出回るようになって、誰も竹細工に見向きもしなくなりました。おかげで、切っても切っても生えてくる無尽蔵の資源の竹は、今じゃ厄介者《やっかいもの》です。使えばいいのに、誰も使いませんから。

竹細工のつくり手も、どんどんいのうなっています。僕が教えを請《こ》うていた職人さんは、数年前に病気で亡くなられ、いま、勝山に残る職人さんは数人ほど。みな高齢で、仕事は引退しています。まだまだ技も未熟で教わりたいことは山ほどあるのに、もうそれもできんのです。

つくり手もおらんなって、竹細工の存在は、忘れ去られていく一方です。僕らの親の時代にプラスチックが普及して、僕らの世代も竹細工のことを知らないし、それに輪をかけて、僕らの子どもの世代は、僕ら以上に接点がありません。

今、環境問題やら資源の枯渇やらが世界的な問題として注目され、一方では、天然素材の温もりを暮らしに求める人も増えました。おかげで、竹細工への注目も少しずつ高まっているように思います。あちこち呼ばれて行く竹細工教室で、「飯かご」に入れておけば米が腐りにくぅなるとか、竹を適当な長さに切って細くすれば簡単に箸がつくれるとか、そんな話をすると、欲しい言うてくれる人がいます。買ってくれた人はみんな喜んでくれるし、「1年使ったらこんなにいい色味になりました」言うて、写真を送ってくれる人もいるんです。嬉しいですね。竹細工は普通に使えば何十年も使えるし、使いこむほど美しくなっていくんです。技術が途絶えそうになってようやく、そういうものが求められる時代になってきたのかな思います。

でもいかんせん、竹製品のよいところがあまりにも知られとらんのが現実です。自分ひとりでつくって知らせよう思うても限界があります。自分の技術はまだまだ未熟で、つくるスピードも遅い。欲しい言うてくれる人に全部応えることができんのです。仕事として生計を立てるのも苦労しています。技術を磨き、つくるスピードをあげて、生業として成り立つようにして、技術を次の世代につないでいきたいと思うんです——

## 日本の技と心を受け継ぐパン

技術は、つくり手がいなければ失われてしまう。それは、発酵や醸造の世界でも同じ。

かつては日本でも、農家は自分の手でどぶろくをつくり、「手前味噌」という言葉があるように、味噌は家庭でつくるものだった。ハンガリーの農家が、自分たちでワインを醸造していたように、暮らしのなかに技術があり、知恵があった。そういう技術や知恵は、日々の暮らしに彩りを添え、温もりを感じさせてくれるものだったはず。

思えば、平松さんの言うように、資本主義が世界に広まるにつれて、地域ごとの伝統やものの考え方も忘れられてきた。おカネを出せば、必要なモノは手に入る。そういう便利さと引き換えに、暮らしのなかから技術や知恵が失われてしまったように思う。

日本の伝統文化や技術のなかには、暮らしを豊かにする知恵や考え方がたくさんある。僕らは、それを取り戻し、受け継いでいくことにも挑んでいきたいと思うのだ。

僕らが挑むのは、「天然菌」と「自然栽培」作物でのパンづくりを通じて、日本古来の「発酵」の技術を掘り起こすこと。

「発酵」と言えば、純粋培養菌を使うのが「当たり前」とされるなかで、僕らは、ここに棲む「天然菌」の力だけで、日本古来の酒造りの方法に則《のっと》って、「酒種」をつくっている。その「酒種」で、砂糖も牛乳もバターも卵も足さずに、「引き算」でパンをつくっている。

これは、ちょっと大袈裟に言うならば、西洋の伝統的なパンづくりと、和の伝統的な酒造りがひとつに溶けあった、和洋の文明のマリアージュ。米を使い、日本にしかいない麹菌でつくる、日本でしかつくれない、「日本のパン」。そういう思いを込めて、僕らが「酒種」でつくる「食パン」には、「和食パン」という名前を付けている。

さらにちょっと広げて言うならば、「引き算」は、茶道や華道、短歌や俳句など、日本の伝統文化においても大切にされている精神。日本でしかつくれないパンをつくり、日本の伝統文化の精神と技術を受け継いでいきたい。

ここ勝山に息づく職人の技と誇りを感じながら、僕らはそんな思いを抱いて、パンをつくっている。

## パン職人と宮大工

パン職人は宮大工に似ている。法隆寺宮大工の鬼と呼ばれた西岡常一《つねかず》氏の内弟子になり、以来、宮大工一筋40年の小川三夫《みつお》氏の『棟梁——技を伝え、人を育てる』（文春文庫）という本を読み、僕はその思いを強くした。

パンと建築は似ている。とくに象徴的なのは、パンも建築も、科学技術や効率性の名の下に、先人たちが歴史のなかで築きあげてきた技術が顧みられなくなっていることだ。「利潤」第一の「腐らない」経済のなかで、人間の技が軽視されているのだ。

世界最古の木造建築、法隆寺は、1300年、倒れることなく建っている。コンクリートも釘も鉄筋も使わずに、それでも倒れることなく建っている。でも、今の法律では、木だけで建築物を建てることが許されない。その現状に、小川氏は「檜《ひのき》は鉄やコンクリートよりも強い」、「コンクリートは百年ももたねえ」と憤慨する。

もちろん、木ならなんでもいいわけではない。木の癖や性質を見抜き、その癖が活きるように使う必要がある。法隆寺は、不揃いの部材でできている。不揃いな木の特性をうまく活かして、建物全体が強くなるようにする組み方を考えるのが大工の仕事だと小川氏は言う。それなのに、今の大工は、木の癖を見抜けずに、規格化された寸法でしか木を考えられなくなっている、「『木』を一括《ひとくく》りにして工場製品のように扱おうとして」、本来あるべき大工の技術が途絶えかかっているというのだ。

これは、「発酵」の世界にそのまま当てはまる。小川氏の言葉を借りて言えば、「天然菌は純粋培養菌より強い」ということだ。工業製品のように純粋培養された癖のない菌ではなく、癖のある不揃いの多様な「天然菌」をうまく活かしてこそ、「発酵」は力強くなる。それなのに、「発酵」の世界からは、「菌」を自ら採取し、「菌」を見抜く技術がほとんど廃れかかっている。古いとか、非科学的だとか言われることもある。この状況を僕はなんとかしたい。「天然菌」で「酒種」をおこし、パン屋だけれども日本古来の酒造りの方法を掘り起こし、次の世代に伝えていきたいと考えているのだ。

そう心に誓った僕が驚いたのは、小川氏が指摘する木造建築に肝心な「木がない」という現状だ。技術は人がいるかぎり、受け継いでいくことはできる。でも、技術はあっても、何百年という時間を耐えられる木がもう日本にはないというのだ。

これも、「天然菌」での「発酵」に取り組んできた僕の苦労とそのまま重なる。「腐敗」せずに力強く「発酵」する素材がほとんどない。僕は、幸運にも勝山という場所にめぐりあったけれど、日本の現実を見れば、「菌」が育つ場所は少ないだろうし、「菌」を輝かせる自然の水が残されている場所も限られている。「自然栽培」も、農家の世界では頭に「超」がつくほどの少数派だ。

これは、ほんとうに差し迫った危機ではないかと思う。竹細工職人の平松さんも言うように、技術は途絶えたら、あとで復活させるのは容易ではない。だから決死の思いで継いでいかなければならない。

でも、技術をどれだけつないだところで、技術を発揮できる自然の環境がなくなってしまえば、それですべてが終わり。技術をつなぐだけではなく、受け継いだ技術を発揮するための自然もあわせてつないでいく、そこまで含めて持続可能な経済をつくっていかなければならないと思うのだ。

僕らがそう強く思うのは、この目ではっきりとした答えを見ているから。「天然菌」と「自然栽培」のお米で、ふわっふわの「酒種パン」ができた。そのときマリは、「このパンを伝えていくことが、私たちの使命なんだね、そのために私たちはパン屋になったんだね」と喜びの声をあげたけれど、まさしくそのために、僕らはパンをつくり、技を受け継ぐ経済をつくっていかなければならないと思っている。

## 暮らしとともにある仕事

「モコー、ヒカルー、お父ちゃんたちのお仕事のジャマするんじゃないわよー」

「はーい」

売り場からマリの声が聞こえてくるよりも早く、モコとヒカルが、パン工房のなかに駆けこんでくる。平日はそれぞれ小学校と保育園に通っているモコとヒカルも、日曜日になると、一日中パン屋のなかで遊ぶのがお決まりだ。

「タルマーリーのモコちゃん・ヒカルくん」でいられるのがふたりにとってても嬉しいようで、「タルマーリーの販売部長」として、お客さんにも可愛がっていただいている。ふたりがいてくれると、店の雰囲気がぐっと明るくなる。その分、マリはふたりに振り回されて大変そうだけれど……。

木・金・土は、翌日の生地の仕込みもあり、早朝から昼過ぎまで工房には緊張感が漂うけれど、翌日が休みの日曜日は、ちょっとゆったりムードが流れる。子どもながらに、そういう頃合いを見計らって、モコとヒカルは工房を遊び場にしようとする。

「ここは狭いから走っちゃダメって言ってるでしょ。オーブンもまだパンを焼いてるから、危ないし近づくんじゃないよ」

「はーい」

返事はいっちょまえなものの、人の話を聞いてるんだか聞いてないんだか、ちょこまかと動き回っては、僕やスタッフの作業を覗きこんでいる。気が向くと、小麦から草の種を取り分ける作業を手伝ってくれたりもするのだけれど、さて、今日はどうだか。

「父ちゃん、これなーに？」

「麹菌っていうんだよ。今『酒種』仕込んでるんだよ。これができないと、タルマーリーのパンはつくれないんだなぁ」

「じゃあ、モコがつくる！　モコ、パン屋さんになるもん！」

「ヒカルもやるー！　ヒカルもパン屋になるけぇ」

ヒカルはすっかり岡山弁が板に付きはじめている。子どもは、環境に馴染むのが早いもの。僕らの店が町に溶けこむうえでも、モコとヒカルにずいぶん助けられた。

近頃は、「ワーク・ライフ・バランス」なんて言葉もあるけれど、タルマーリーの日常はこんな感じで、ワークもライフもごちゃ混ぜ。暮らしのなかに仕事があり、仕事のなかに暮らしがある、そんな毎日を送っている。宮大工の小川三夫氏が、「職人はサラリーマンやないから、暮らしが生き方、生き方が職業やからな」と語るように、僕らも、生き方そのものが職業の暮らしを送っているのだ。

## 休みが多い理由

ちょっとここで、僕らが「謎のパン屋」とよく思われる理由のひとつ、休みの多さについて触れておきたいと思う。営業日は週4日（木・金・土・日）、水曜日は仕込みの日で、従業員は週休2日（月・火）。そして、年に1ヵ月は長期休暇をとっている。

じつはマルクスも、労働時間（労働日）を短くすることが、資本主義の未来の社会を築きあげる条件になる、というようなことを言っていた。早い話が、資本主義は人を働かせすぎだということだ。経済が発展して生産力が高まれば、1日十何時間も働かなくても、社会や暮らしをまわしていくことはできるはずだと、指摘しているのだ。

肉体的にハードな仕事で、カラダの休息が必要だから、というのは休みが多いことの理由のひとつでしかない。どちらかというと、今以上のパンをつくるために、パンをつくらない時間が必要だと思うのだ。

パンに打ちこみ、技術を高めていくことは大切。でも、パンしか見えなくなって、世のなかが見えなくなってしまうと、どういうパンを届けるべきかが見えなくなる。料理や酒、工芸品、音楽など、ほかのつくり手から刺激を受け、パンづくりのアイデアに活かす。今以上の素材がないか、アンテナを高く張る。そのほかにも、いろんな人に会い、いろんな場所を訪ね、いろんな本を読む時間も必要だ。

パン以外のものに触れるこうした時間が、職人としての感性を磨き、人間としての幅を広げ、奥行きを深め、見聞を広め、社会の動きを感じとる目を養っていく。時代に求められるパンをつくり続けるために、仕事と生活が一体になった暮らしにも、休みの時間が必要なのだ。

## 次なる挑戦

僕とマリにとって、「菌」と暮らし、パンをつくるのも大切なことだけれど、今年（2013年）で8歳になる長女のモコと、4歳になる長男のヒカルも、かけがえのない宝物だ。

ふたりには、精一杯生きる親の姿を、背中で見せていきたいと思っている。背中で、仕事の厳しさも楽しさも豊かさも、すべて伝えていきたい。それは、暮らしのなかに仕事があるからこそできることだと思っている。

ある日、マリがこんな言葉を僕に漏らした。

「私が言うのもなんだけどさ、モコとヒカルが羨《うらや》ましいなぁ。毎日すぐ近くで、親と大人が必死で働いている姿を目で見て肌で感じられるんだよ。うちは父親がサラリーマンだったから、どんな仕事してるのか、どんなふうに働いてるのかなんて、ぜんぜん想像もつかなかったもん」

僕の場合は、父が学者という変わった職業だったせいか、それはそれで働くことのイメージはまったくつかなかった（だから長くフラフラしていたのかもしれない）。たしかに、日々の暮らしのなかに仕事があって、そのなかで育っていくのはすごいことだなと思う。

もちろん、家で仕事をしていると、いいカッコばかりを見せられるわけではない。パンづくりに失敗すると僕はすぐ落ちこむし、マリだって販売でトチって平謝りしたりしょんぼりしていることもある。でも、そういうことも含めて、そこから何かを感じとってほしい。

子どもが起きる頃にはお父ちゃんはもうせっせと働いていて、家中にパンの香りが漂っているとか、お客さんで店が賑わうと、お父ちゃんもお母ちゃんも大変そうだけどとても喜んでいるとか、一日くたくたになるまでに働いたあとに飲む「一杯の酒」で、お父ちゃんとお母ちゃんが無上の幸せを感じているようだとか、親が懸命に働き、生きる姿を、しっかりと目に焼きつけておいてほしいと思うのだ。

こういう環境にいれば、子どもはきっと自分の力で「育つ」。僕らが「育てる」というよりも、「内」に力を蓄えて、健やかに「育って」いく。

ほかに僕らができることと言えば、愛情をたっぷり注ぎ、ちゃんとしたものを食べさせることぐらい。お客さんに届けたいと思うもの、自分たちが大切だと思うものを自分たちも食べ、子どもにも食べさせる。手の込んだ料理をつくる時間は僕にもマリにもほとんどないし、朝食はスタッフと一緒のまかない飯《めし》で「自然栽培」のお米を頬張り、失敗作のパンや、新しいレシピの実験でつくったパンがごはんになったりもするけれど、食べるものの中身については、いっさい手を抜かない。

これが、僕らの「天然菌」と「自然栽培」の子育て。

そういえば宮大工の世界は、かつて、その家で生まれた人が継ぐ、世襲が当たり前の世界だったそうだ。10年前の僕なら、それを閉鎖的で古臭い世界と受けとったかもしれないけれど、今なら分かる。それは、暮らしのなかでしか受け継いでいけない技術や心があるということ。日常をともにし、体に染みこませることでしか伝えていくことができないことがあるのだ。

この同じ感覚を、僕らはスタッフに対してもたなければならないと、今強く感じている。「田舎のパン屋」になって5年、ようやく少しずつ、納得のいくパンがつくれるようになってきたけれど、恥ずかしながら、まだロクに人を育てたことがないのだ。スタッフがなかなか定着しない。

それはきっと、僕が人を「育てる」という感覚に捉われていたから、僕の枠にはめて「育て」ようとしていたからではないかと思う。子どもと同じく、「天然菌」や「自然栽培」と同じく、環境を整えさえすれば人は「育つ」のだ。そのために、僕らはスタッフと寝食をともにする「徒弟制度」を始めようと試行錯誤を進めている。

子どもがパン屋になるかどうか、この店を継ぐかどうかは分からないけれど、子どももスタッフも、日々の暮らしのなかで、見て、感じて、学んだことを活かし、逞《たくま》しく「育って」ほしい。「働く」ことの意味を体で学び、将来の人生に活かしてほしい。それが、パンをつくり続けてきた「田舎のパン屋」の次なる挑戦だ。人をつくるというのもおこがましいけれど、人が「育つ」ための場をつくることに、挑んでいきたいと思っている。

## 父との雪解け

と、ちょっと偉そうに語ってしまったけれど、僕自身が、ようやく一人前の人間として「育って」きたかなと思えたのは、ごくごく最近のこと。念願の「田舎のパン屋」になり、「天然麹菌」での「酒種パン」づくりと「天然麹菌」の自家採種に成功し、勝山への移転も無事乗り切ってきたし……。そのひとつひとつの成功体験が、僕の自信へと変わっていった（なんせ、三十数年間、成功体験と無縁だったし……）。

自分に自信がもてるようになったことで、青春時代は顔を見るだけで腹が立った父とも、しっかり向きあって話ができるようになってきた。父のほうも、パン屋として独り立ちした僕のことを認めてくれるようになっていたのだと思う。

そして、今になって思えば、父と僕のあいだには、僕らの仲を取りもとうとする母の姿があった。荒《すさ》んでいた青春時代も、母は僕のことを、それまでと変わらず受け止めてくれた。僕にそっと手を差し伸べてくれる母のやさしさがあったから、僕は父についてハンガリーに行くことができた。ハンガリーで過ごした時間がなければ、違った人生を歩んでいてもおかしくない。

父と母は、僕らが千葉にいた頃、モコとヒカルに会うのを楽しみにしていたし、長期休暇のときには、きまって僕と妻の両親４人を旅行につれていった。ささやかな親孝行、青春時代にさんざん迷惑と心配をかけた罪滅ぼしの思いも込めて……。

岡山に移転するときの大きな気掛かりのひとつが、せっかく父との心の距離が縮まってきたというのに、物理的に遠く離れ離れになってしまうことだった。年老いた両親が、そう頻繁には僕たちのところに来られなくなるだろうと思うと、後ろ髪を引かれた。そんな僕の心配を察してか、岡山に僕の両親が遊びに来てくれたことがあった。そのとき、ワイン片手に、父がこんな話をしてくれた。

――ゼミの学生におまえたちの店の話をしたことがあるんだ。田舎で高いパンを売って、それが何年も続いている。環境にも負荷をかけない、人の健康にもいい、素材と技術にこだわってパンをつくっているらしいが、それを君たちはどう思うかと。

そうしたら、ゼミの学生たちがこう言ったんだ。資本主義が生みだした食品は、ほとんどガラクタみたいなもの、人を安く働かせるためのエサみたいなもので、そういうなかで、ガラクタじゃない本物の食品をつくっていることに、息子さんがつくるパンには意味があると。まぁ、私がそういうふうにゼミ生を誘導した側面もあるんだけど(笑)。それにしても、最近の若者の感性はすごいな。ガラクタとかエサとか言い切っちゃうなんて。

ただ、おまえたちがつくるパンは、巷で流通しているパンと比べると、やっぱり高い。スーパーやコンビニで売られているガラクタのようなパンも、国の安全基準はちゃんと満たしている。100円のパンとおまえたちがつくる400円のパンが並んでいたら、おカネのない学生は、ガラクタだと分かっていても、安いほうのパンを買ってしまうだろうとも言っていた。

そこをどうするかだと思うんだ。ゼミの学生のひとりはこんなことを提案してくれたよ。息子さんがつくるパンをそのまま商品市場に流通させると、400円という値段になってしまうけれど、社会的な意義、文化的な意義を評価して、誰もが気兼ねなく買える値段にできるシステムを考えればどうかと。

私を目の前にしたリップサービスもあるかもしれないが、おまえたちのやっていることの意味を理解してくれている学生がいることを知って、私も嬉しくなった。それに、買う側、食べる側も、食べもののことをもっと考えなければならないと思わされたものだ。

おまえたちがつくるパンは、スーパーやコンビニで全国展開するようなパンにはならんだろうが、おまえたちのパンには、安物のパンとは違う意味がある。グローバリゼーションとか、食糧問題とか、地域の共同体の回復とか、現代の社会が抱えている問題に、パンを通じて取り組んでいることに大きな意義がある。そういう問題に、草の根で闘い続けているタルマーリーを、私も応援したい。だから、これからも頑張れよ——

## おカネは未来を選ぶ投票権

そろそろ、この本も終わりが近づいてきた。

これまでの時間をあらためて振り返って思うのは、僕らが、パンにここまでこだわり続けることができたのは、僕ら夫婦が何よりも食べることが大好きだったからだということ。

「人生は一杯の酒に如《し》かず」。懸命に働いたあとの美味しい食べものと美味しい酒があれば、人は楽しく豊かに生きていけると思うのに、資本主義経済は、「腐らないおカネ」を増やすことに躍起になって、働くことと食べものをどんどん壊している。なんでこんなことになるのか？

僕らは、自分たちが食べたいと思えるものを守りたくて、暮らしと仕事がひとつになった人生を歩みたくて、パンという武器を手にとったのだと思う。

「天然菌」や「自然栽培」と出会えたことも、小さなパンの向こうに広がる「発酵」という大きな宇宙の魅力を気づかせてくれるきっかけになった。

僕は根が飽きっぽいので、純粋培養菌を使った、うまくいって当然のパンづくりなら、たぶんこんなに長くは続けられなかったはず。気ままな「天然菌」を相手に振り回され、ウンウン頭を唸《うな》らせながら、もてる技と知恵の限りを振り絞り、今日は昨日よりもいいパンをつくりたい――。こういう奮闘が性《しょう》に合っていたし、そうやってパンをつくっているうちに、気がつけばまわりに喜んでくれる人が増えていた。それが嬉しくて頑張り続けることができた。ただそれだけのことなのかもしれない。

今僕らが感じている豊かさを、僕ら自身がいつまでも続けていきたいし、子どもにも残していきたい。同じ豊かさを感じて暮らせる人の輪が広がってほしい。今のグローバル資本主義一辺倒の世界では、それがままならなくなってしまいそうだから、未来に希望の光を灯すために、田舎で経済を「腐らせ」、新たに経済を「発酵」させて、働いた身体に心地よく染みこむパンやビールやワインのように、心地のいい経済をつくっていきたい。

僕らの思いに共感してくれた人は、ぜひ、未来への一歩を踏みだしてほしいと心から願う。できれば、田舎で僕らと同じ闘いに挑む人が増えてほしい。それに限らなくとも、自分の「内なる力」を高め、土や場をつくることに意識を向ける人が増えてほしい。

「内なる力」は、急には花開かないけれど、自分で自分を育てていけば、それがいつか花開くのだと思う。たゆまず、飽くことなく、自分を磨き続けていくことが、道を切り開いていく。

毎日のおカネの使い方を見直すことも、経済を「腐らせる」ひとつの方法だと思う。「腐らないおカネ」も、使い方次第では強力な武器になる。おカネには、未来を選ぶ投票権としての力がある。何年かに一度の選挙の一票よりも、毎日使うおカネのほうが、よほど現実を動かす大きな力をもっている。

たとえば、自分たちが信じられる商品をつくり、サービスを提供する人に対して、「正しく高く」おカネを使う。「利潤」をつくりだそうとする人たちではなく、環境を整え、土をつくるための仕事をしている人たちにおカネを使う。

おカネの使い方こそが、社会をつくる。

場が整い、「菌」が育てば、食べものは「発酵」へと向かう。それと同じで、「小商い」や「職人」が育てば、経済も「発酵」へと向かう。人も菌も作物も、生命が豊かに育まれ、潜在能力が十二分に発揮される経済のかたち――田舎のパン屋が見つけた「腐る経済」。

田舎でパンをつくる僕らは、この日本の辺境で起こりつつある静かな革命の胎動を、日々感じている。

## エピローグ

「イタル、おまえはパンをやりなさい」

夢で僕に語りかけた祖父は、ウイルスの研究を専門としていた。微生物の世界だ。その祖父が、医者ではないにせよ、「食」の世界で、自分と同じく「田舎」で暮らす夢を思い描く孫を天上から見ていた。しかも、こいつが30歳過ぎて、まだ自分が定まっちゃいない。

——おいおい、しっかりしろよ。せめて、オレが死んだ年齢ぐらいまでにはいっぱしの人間になってくれよ。そのためにエールを送りたいんだがな、微生物の世界は面白いぞ。そこから生命が見えてくるんだよ。「発酵」も微生物の世界だろう。酒造りはちょっと大掛かりすぎるけど、パンなんてどうだ？　——人の生命を預かり、微生物と向きあっていた祖父ならではの、粋《いき》なメッセージを届けてくれたのかもしれない。

それは、弱り切っていた僕が見た妄想なのかもしれない。でも、「天然菌」の世界にどっぷりはまりこみ、生命の神秘、自然の奥深さが垣間見えるようになるにつれて、「やっぱり、おじいさんがここに導いてくれたんだな」と、しみじみ感じずにはいられない。

そして、父からはマルクスのもとへと誘われ、さらには不器用な正義感を受け継いだ。博士課程の頃に研究者の卵としての力を認められていた父は、助手、助教授への道がほとんど約束されていたにもかかわらず、大学院生の待遇改善を大学側に厳しく求める活動をしていた。結局、その活動がきっかけで、父は出世ルートから外されてしまった。小さな正義感にこだわって、組織のなかでうまく立ち回れない不器用さがそっくりだ。

そしてもうひとつ、僕の親族には、今の僕につながるルーツがある。祖母が再婚した相手が、日本酒のつくり酒屋だったのだ。幼い頃、父に手を引かれて遊びに行った、義理の祖父の酒蔵の光景が、今になって鮮明に思いだされる。蒸した酒米の甘さに、「米はこんなに美味しいものなのか!」と感動し、あの頃から、僕は米が大好きになった。

人生40年を過ぎて振り返ってみると、僕の人生は必然のレールを歩んできたようにも思える。僕の過去ひとつひとつのシーンが、僕を、日本酒でパンをつくる「酒種パン」にのめりこませ、パンで経済の未来を切り開く挑戦へと駆り立てたような気もする。

僕は、ほんとうにパン屋になってよかったと思っている。パンでなければ、地域の経済をつくるという目標も、経済を「循環」させ、「発酵」させ、「腐る経済」をつくるという発想も、思い描くことはできなかった。

右手に生産者、左手にお客さん、そのあいだに僕らがいて、僕らを取り巻くように「菌」がいる。パンと出会い、マルクスと出会い、「菌」と出会えたからこそ、今の僕らがある。

祖父から父、そして僕へ。受け継いできたものを、さらに子どもたちへ。「田舎のパン屋」の挑戦は続く。

## 文庫版あとがき

この本が単行本で刊行されたのは2013年9月下旬のこと。早いもので、あれからもう3年を超す月日が流れた。

この間、僕らの状況は大きく変わった。もちろん、変わっていないところもあるし、考え方や取り組みがより深まったところもある。ここでは、本を出した後の僕らの変化を、簡単に紹介しておきたい。

大きく変わったことのひとつ。それは、再び店を移転したことだ。

本では、勝山（岡山県真庭市）を舞台に僕らの取り組みを紹介したが、今は鳥取県南東部にある八頭郡智頭町《やずぐんちづちょう》に店を構えている。本を出して1年後の2014年10月、勝山の店を閉め、ほぼ1年の準備期間を経た2015年6月、新天地で店を再オープンさせた。

智頭町は人口7500人ほど、森林面積が町の約93%を占める山間の小さな町だ。

宿場町の街道沿いに店があった勝山のころと比べると、店周辺の「田舎度」ははるかに増した。智頭町も、鳥取から上方・江戸へと向かう街道の宿場町で、町の中心部には立派な古民家も現存している。だが、僕らの店は町の中心部からクルマで10分ほど離れたところにあり、近くにお店らしいお店はない（ごく最近、店の前に地域の無人野菜販売所ができたぐらい）。連なる山々の間を縫うように伸びる谷間の一角に、僕らの店が一軒ポツリと佇《たたず》む。

移転を決めた理由をひとことでまとめるのは難しいけれど、もうひとつの大きな変化を抜きにして移転を語ることはできない。その変化とは、２０１６年3月にクラフトビールの醸造・販売を事業として始めたことだ。僕らは、クラフトビール事業を始めることを大きな目標のひとつとして、店を移すことを決めたのだ（ただし、酒税法上はビールではなく発泡酒の扱いだ）。

パンと同じく麦と酵母でつくるビールは、古代メソポタミアや中世ヨーロッパで「液体のパン」と呼ばれ、古くからパンと深いつながりがある。ビールを醸した酵母でパンをつくる試みは、勝山のころから始めていたけれど、どうせビールをつくるなら、タルマーリーらしいビールをつくり、多くの人に飲んでもらいたいとかねがね思っていた。それに、パンとビールの両方をつくることで、僕らのパンをより進化させていくことができるはずだし、ビールも面白いものをつくれるという、僕の職人としての予感があった。

智頭での新生タルマーリーの店舗は、使われなくなった保育園を改装したものだ。地域のバックアップも受けながら、できるところは自分たちのＤＩＹ（Do It Yourself）で内外装を手掛けた。新店舗の面積は、勝山の古民家の2・5倍はある（ちなみに、智頭での住居は、店から歩いて数分のところに、一軒家を借りて暮らしている）。このふんだんなスペースがあればこそ、ビールの醸造設備を導入することができた。勝山の古民家は、住居も兼ねていたため、すでに手狭になっていて、新たな設備を導入する余裕はどこにもなかった。

勝山で直面していたもうひとつの問題は、水だ。クルマで片道50分ほどかけて水を汲みに行っていたが、パンをつくるだけでも、それがボディブローのようにジワジワと負担になってきていた。ビールとなれば、さらに多くの水が必要なのは明らかで、もっと水源に近い場所を探していた。

その点、町の9割以上を山林が占める智頭は、絶好の環境だった。山あるところに水は育まれる。町には、河口に鳥取砂丘が広がる千代川《せんだいがわ》の源流があり、山々を縫うように伸びる谷間には、地下水（伏流水）が絶えずふんだんに流れている。店舗の下にも地下水が流れ、それを汲み上げ、パン製造とビール醸造に使っている。再オープンから1年以上が経ち、水汲みから解放された今、あれがいかに重労働だったかを実感している。

クラフトビール事業で活躍しているのが、本文にも登場する三浦くんだ。「ビールづくりをしたい」と一度は店を卒業し、ビールの世界に進んだのだが、僕らがクラフトビールに本格的に挑戦することを伝えると、戻ってきてくれた。

僕らがつくるパンと同じように、天然の菌だけでビールをつくる――。僕ら夫婦がビールのコンセプトをつくり、それを三浦くんなりに、5種類のクラフトビールで表現してくれている。

なお、ビールの世界では、天然菌のことを「野生酵母（天然酵母）」と呼ぶことが多い。とはいえ、主流は純粋培養されたイースト（酵母）を使った製法で、今の日本には、商品ラインナップのすべてを野生酵母でつくるビール醸造所は存在しない（20

16年末時点)。僕らは、天然の菌だけでパンをつくるパン屋であると同時に、日本で唯一の「野生酵母だけでつくるクラフトビール醸造所」なのだ。

店の変化をもうひとつ紹介すると、パンとビールをゆっくりこの地で楽しんでもらえるように、カフェスペースを大きく拡充させた。パンとビール以外にも、コーヒーやピザ、サンドイッチなどを提供し、ピザとサンドイッチの具材には、町の農家さんがつくってくれた野菜や、近くの山で獲れた野生のイノシシの肉など、地元の素材を可能な限り使う。

ありがたいことに、店は休日ともなると多くのお客さんで賑わう。そこで大活躍するのが、アルバイトに来てくれているご近所の主婦たちだ。彼女たちの旦那さんやご家族にも、さまざまなところで助けられている。店は、地域の人たちに支えられている。

今では、カフェとクラフトビールの売り上げが、店の経営をがっしり支える大きな柱になった。かつては、ほぼパンだけで僕ら家族とスタッフの生活を支えねばならず、それが僕の心身に重くのしかかっていたけれど、経営の柱が増え、ずいぶんと心にゆとりを持てるようになった。

　そして僕らは、店の名前を、かつての「パン屋タルマーリー」から「タルマーリー」へと変えた。わざわざ、「パン屋」を店の看板から外したのだ。

　それは、「タルマーリー」がもはやパンだけの店ではないことを自覚し、外に向かっても示すためだ。パンは今も、「タルマーリー」の〈核〉であり続けている。その軸は押さえたうえで、僕らが理念として掲げる「菌本位制」や「地域内循環」をさらに推し進めるため、さまざまなアプローチをとっていくという意志を、はっきりと表明しておきたいと思ったのだ。


　ビールは僕の読み通り、いや、むしろそれをはるかに超えて、パンづくりにも大きな変化をもたらした。

「酒種」と、それからつくる「和食パン」は、新生タルマーリーにおいても、僕らの魂《たましい》そのものと言える重要な酵母であり看板商品だ。だが、クラフトビールの醸造過程で生まれる「ビール酵母」は、「酒種」とは別の意味で、今やタルマーリーのパン製造にとって、なくてはならない酵母になった。

簡単に言うと、「ビール酵母」を他の酵母とブレンドして使うことで、パン生地の発酵が格段に安定し、パン製造の作業効率が劇的に改善された。以前は発酵の不安定さゆえに、人間の頑張りでカバーしようとしていた部分がなくなって、製造が格段に楽になったのだ。

なぜそうなったのかはまだ科学的に検証できていない。おそらくビール酵母に含まれる酵素の働きだろうと推測しているが、本当にそうなのかも含めて、詳しいことはよくわかっていない。

いずれにせよ、製造が安定したことで、負担が軽減されたのは確かだ。その分、新しい技術に挑戦したり、「酒種」づくりのために今まで以上に時間をかけたりすることができるようになった。

智頭に来て驚いたのは、麹菌の採取が思っていたよりもすんなり成功したことだ。もともと保育園だった今の店舗は、木造だが古民家ではない。しかも、以前取れたものよりも、麹になったときの味わいがスッキリしている。

僕はこの本のなかで、菌は「見えざる手」であり、土壌や作物の状態を包み隠さず明らかにすると書いた。要するに、菌は環境や作物の状態を示す「ものさし」の役割を果たしている。その実感は、菌と向き合うパンづくりを続けるうちに、ますます強くなっている。

なかでも天然麴菌は、「ものさし」としての力が強い。肥料で太らされた作物の不健康を見抜いていち早く分解し（腐敗）、環境が整っていなければなかなか採取できない。それを実感していたからこそ、勝山では菌が棲み着きやすい古民家にこだわったのだ。

でも次第に、古民家でなければならないという了見が、あまりに狭い見方だと思い始めた。たしかに建物だけを見れば、菌が棲み着く環境として、古民家であるに越したことはない。だがよくよく考えれば、建物よりも周辺環境の方が、菌に与える影響は大きいのではないか——。その予感は、移転の前にすでに胸にあった。

事実、智頭の店は森と山に囲まれていて、地下にはふんだんに山が育んだ水が流れている。この「田舎度」の高さこそ、「菌本位制」においては何にも代えがたい重要な価値なのだ。

「天然菌」での発酵は、場づくりが肝要だ。

そのことは前から分かっていたつもりでも、智頭に来たことで、「場」を捉えるスケールが、一段も二段も大きくなった。以前は建物を単位に捉えていたが、その建物を取り巻く地域の環境の方が、はるかに重要だ。

そこに気づくと、「地域内循環」の重要性を、今まで以上に強く感じるようになった。

発酵の場は、建物ではなく地域全体にある。「菌本位制」を続け、さらに発展させていくには、地域全体の場を整えなければならない。そのための取り組みに、今まで以上に力を入れて取り組んでいる。

たとえば、ピザを焼く石窯や、冬の間の暖房用に、地域の林業家から薪《まき》を買う。その対価は、山を手入れする林業家の、幾分かにせよ暮らしの支えになるはずだ。僕らの店が支払う額など、山の広さを考えれば微々たるものかもしれないけれど、健やかな山が失われては、発酵のための場も失われてしまう。山が生きていればこそ、豊かな水や空気が、絶えず育まれ続けるのだ。

さらには、町長や町役場の理解を得て、町として、自然栽培農家を育てる取り組みが始まっている。農薬や肥料の使用量が減れば、土壌や水をキレイに保つことができる。まだ始まったばかりの取り組みだが、智頭で採れた自然栽培の農産物で、パンやビールをつくるのが、これからの大きな目標だ。

２０１３年９月に出したこの本は、ありがたいことに、広く長く読まれてきた。テレビ、新聞、雑誌、ウェブメディア……。さまざまなところで、本や僕らの取り組みを紹介していただき、多くの方が、僕らの店に足を運んでくれた。

韓国や台湾、中国でも翻訳して出版され、それらの国から、わざわざ僕らの店を訪ねて来てくれることもしばしばだ。とくに、鳥取のお向かいの韓国では、人口は日本の半分以下ながら、日本と同数かそれ以上の人に読まれているようだ。韓国にも２度お招きいただき、海を越えての交流もできた。本を出した時点ではまったく想像していなかったことで、本の力をあらためて実感している。

この本が文庫になると、新たにどんな人が手に取ってくれるのだろう。この本が、どんな未来をもたらしてくれるのか、他ならぬ僕ら自身が楽しみでならない。

【スペシャルサンクス】

パンづくりを導いてくれた人たち
河名秀郎（ナチュラル・ハーモニー代表）
甲田幹夫（ルヴァン）
棚原力（自然栽培農家）
寺田優（寺田本家24代目当主）
東川司（「クピド！」パン職人）
ブラウンズフィールド
（エバレット・ブラウン／フォトジャーナリスト、
中島デコ／料理研究家）
保坂耕三・道子夫妻（COLTRADA）
三好基晴（天然菌復活の立て役者）

勝山近辺のつくり手たち
加納容子（草木染め・織物職人）
御前酒蔵元（株）辻本店
竹内雄一郎（イル・リコッターロ）
ノリランカ農園
平松幸夫（竹細工職人）
蒜山耕藝（桑原広樹、高谷裕治・絵里香夫妻）

智頭町でお世話になった人たち
寺谷誠一郎（智頭町長）
いざなぎ振興協議会の皆さま

青春時代をともに過ごした友人たち
伊藤浩一郎
岩渕寛典
大越謙一
加辺忍

両親たち
渡邉俊彦、玲子
傍島薫、利恵子（妻の両親）

これまでタルマーリーを
支えてくれたすべての方々

【写真撮影】
川瀬一絵
藤　啓介

【写真提供】
タルマーリー

【本文イラスト】
北谷彩夏

【構成】
萱原正嗣

【編集協力】
ミシマ社

渡邉 格―1971年東京都生まれ。フリーターだった23歳のときに学者の父とハンガリーに滞在。食と農に興味を持ち、25歳で千葉大学園芸学部入学。卒業後就職した農産物卸販売会社で妻・麻里子と出会う。31歳でパン職人になる決意をし修業を開始。2008年に独立し千葉県で「パン屋タルマーリー」を開業。2011年東日本大震災を機に岡山県真庭市勝山に移転。
本書（単行本）刊行後の2015年、パン製造に加え、地ビール事業に取り組むべく、鳥取県八頭郡智頭町に移転した。

講談社+α文庫 田舎《いなか》のパン屋が見《み》つけた「腐《くさ》る経済《けいざい》」
――タルマーリー発、新しい働き方と暮らし
渡邉《わたなべ》 格《いたる》

2017年3月16日第1刷発行
2022年12月19日第8刷発行
発行者――鈴木章一
発行所――株式会社 講談社
東京都文京区音羽2-12-21 〒112-8001
電話 編集(03)5395-3522
販売(03)5395-4415
業務(03)5395-3615
デザイン――鈴木成一デザイン室
カバー印刷――凸版印刷株式会社
印刷――株式会社新藤慶昌堂
製本――株式会社国宝社
KODANSHA
落丁本·乱丁本は購入書店名を明記のうえ、小社業務あてにお送りください。
送料は小社負担にてお取り替えします。
なお、この本の内容についてのお問い合わせは
第一事業局企画部「+α文庫」あてにお願いいたします。
Printed in Japan ISBN978-4-06-281714-1
定価はカバーに表示してあります。